◉要点スッキリ解説◉

固定資産税

Q&A

税理士　**安部 和彦**　著

清文社

はじめに

　固定資産税は不動産を保有する法人・個人に対して課される税金であり、不動産所得を稼得する個人や不動産管理会社の主要な経費として、実務上重要性が高いといえます。また、固定資産税の課税標準である固定資産税評価額は、相続税・贈与税における不動産の財産評価とも密接に関わっており、固定資産税の基礎的な素養は、不動産関連の税金に携わる税理士を含むすべての専門家にとって必須の知識となっているのが実情です。

　また、あまり意識されていないことですが、固定資産税は土地や家屋といった不動産のみならず、償却資産も課税物件です。この償却資産については、法人のみならず個人事業主にも申告義務があり、かつ納税義務者となるため、税理士実務においても意外に重要性が高い項目であるといえます。しかも、償却資産に対して固定資産税を課税するのは国際的に見てもあまり例がなく、課税根拠を疑問視する声もあるところですが、平成28年度の税制改正で新たに、新規機械装置の投資に対する償却資産税の特例が創設され、見直しの機運が高まっているところです。

　しかし、固定資産税は地方税であることから、①実務が国税に偏りがちな税理士等の実務家には地方税そのものが一般になじみが薄いこと、②申告納税中心の国税とは異なり、納付税額がもっぱら課税庁の処分によって確定する賦課課税方式を採用しているため、どうしても受け身の対応となりがちなこと、といった理由で、多くの税理士が何となく「苦手意識」を持っている税目であるように思われます。

　そのような実務における状況を踏まえ、本書は、これまで固定資産税にあまりなじみのなかった税理士や不動産関連業務に携わる実務家に向けて、固定資産税の基礎的な事項を、Q＆A形式と図解を多用することにより可能な限り平易に、かつ体系的に説明することを目的に書かれたものです。

固定資産税を巡っては、近年、税額算定の基礎となる固定資産税台帳に登録された価格の妥当性について、争いが頻発しており、それがマスコミでも取り上げられるケースが増加しているなど、注目が高まっております。固定資産の評価は高度に専門的・技術的な領域であるため、本書により固定資産税の基礎をまず理解したうえで、評価法についてはその分野の専門書に当たれば、直面している問題の争点と解決法の糸口が導き出されるものと思われます。

　最後になりますが、本書の出版に関し多大なご尽力を頂きました、清文社の村本健太郎・藤本優子の両名に厚く御礼を申し上げます。

　2016年6月

　　　　　　　　国際医療福祉大学大学院准教授　税理士　安部　和彦

■目次

第1章 固定資産税の基礎知識

Q1-1 固定資産税とはどのような税金ですか？……………………………… 2

Q1-2 固定資産税の課税対象となる資産は何ですか？…………………… 7

Q1-3 固定資産税の納税義務者は誰ですか？…………………………………10

Q1-4 都市計画税とはどのような税金なのでしょうか？……………………14

Q1-5 年の途中で不動産の売買があった場合、固定資産税は誰に課されますか？……………………………………………………………………………18

Q1-6 年の途中で固定資産の売買があった場合、償却資産税は誰に課されますか？……………………………………………………………………20

Q1-7 償却資産税の免税点はいくらでしょうか？……………………………22

Q1-8 固定資産税はどういう性格の税と考えられるでしょうか？…………24

Q1-9 都市計画税には住宅用地の特例措置があるそうですが？……………26

Q1-10 償却資産税の課税根拠は何でしょうか？………………………………28

Q1-11 商業地と住宅地とでは固定資産税の負担感に差があるのでしょうか？……………………………………………………………………………31

Q1-12 固定資産評価基準にはどのような法的根拠があるのでしょうか？…34

Q1-13 固定資産税はなぜ賦課課税方式なのでしょうか？……………………37

Q1-14 固定資産税が非課税となる団体があるのでしょうか？………………40

Q1-15 固定資産税が非課税となる固定資産は何でしょうか？………………42

第2章 土地および家屋の固定資産税

Q2-1 固定資産税の課税対象となる「土地」とはどのようなものを指しますか？……………………………………………………………………………52

Q2-2 固定資産税の課税対象となる「家屋」とはどのようなものを指しますか？……………………………………………………………56

Q2-3 固定資産税の課税対象となる土地および家屋の価格はどのようにして知ることができるのでしょうか？…………………………59

Q2-4 土地の評価はどのように行うのでしょうか？……………………63

Q2-5 宅地の評価はどのように行うのでしょうか？……………………66

Q2-6 土地は地価公示価格の7割で評価されているのでしょうか？………69

Q2-7 固定資産税に関する土地の路線価とは何でしょうか？……………73

Q2-8 固定資産税の路線価と相続税の路線価とは同一なのでしょうか？…75

Q2-9 価格の据置制度とは何でしょうか？………………………………78

Q2-10 家屋の評価はどのように行うのでしょうか？……………………80

Q2-11 家屋の評価額の見直しは行われるのでしょうか？………………83

Q2-12 一戸建てを新築した場合、家屋調査はどのように行われるのでしょうか？……………………………………………………………85

Q2-13 先日改築しましたが、家屋調査はどのように行われるのでしょうか？……………………………………………………………88

Q2-14 建物の利用用途を変更しましたが、家屋調査は行われるのでしょうか？……………………………………………………………91

Q2-15 土地の評価額が下がっているのに固定資産税の税額が上がるのはなぜでしょうか？…………………………………………………95

Q2-16 私道にも固定資産税は課税されるのでしょうか？………………98

Q2-17 新築住宅には固定資産税の減免措置がありますか？…………… 101

Q2-18 住宅用地に対する特例措置とはどのようなものですか？………… 104

Q2-19 既存の住宅を取り壊して住宅を新築する場合、住宅用地に対する特例措置の適用はあるのでしょうか？………………………… 108

Q2-20 住宅用地の申告はどのような場合に行うのでしょうか？………… 111

Q2-21 土地については相続税の路線価のように毎年評価が行われるのでしょうか？……………………………………………………………… 114

Q2-22 画地計算法とは何ですか？……………………………………… 116

Q2-23 不整形地はどのように評価するのでしょうか？………………… 123

Q2-24 間口が狭い土地や奥行が長い土地は評価が減額されますか？…… 130

Q2-25 がけ地を含む土地はどのように評価するのでしょうか？………… 134

Q2-26 道路に接していない土地はどのように評価するのでしょうか？… 137

Q2-27 所要の補正とは何ですか？……………………………………… 140

Q2-28 登記簿に登記されているものの存在が不明な土地にも固定資産税は課されますか？…………………………………………………… 145

Q2-29 平成27年度税制改正で空家対策がなされたと聞きましたが？…… 147

Q2-30 宅地等に対する税負担の調整措置とは？……………………… 150

Q2-31 住宅用地に対して課される固定資産税の計算事例は？………… 154

Q2-32 商業地に対して課される固定資産税の計算事例は？…………… 157

Q2-33 条例による固定資産税額の減額措置とは？…………………… 159

Q2-34 車庫は固定資産税の課税客体である家屋に該当しますか？……… 162

Q2-35 自宅敷地に設置したプレハブの子供用勉強部屋は固定資産税の課税客体である家屋に該当しますか？……………………………… 164

Q2-36 取り壊しを前提に売買した家屋についても固定資産税は課されますか？……………………………………………………………… 166

Q2-37 未登記の家屋にも固定資産税は課されますか？……………… 168

Q2-38 家屋認定の要件のうちの「用途性」とは何を指しますか？……… 172

Q2-39 土地の相続人が存在しない場合の固定資産税の納税義務者はどうなりますか？………………………………………………………… 174

Q2-40 倍率地域に存する無道路地の固定資産税評価額が高いようですが？………………………………………………………………… 177

Q2-41 賦課期日後に死亡した被相続人の土地につき相続人が相続放棄した場合、相続人に対して固定資産税は課されますか？……………………… 179

Q2-42 家屋に関し自治体により経年減点補正率が異なるのでしょうか？… 181

第3章 償却資産税

Q3-1 固定資産税の課税対象となる「償却資産」とはどのようなものを指しますか？…………………………………………………………………… 186

Q3-2 償却資産には申告義務があるのでしょうか？……………………… 189

Q3-3 法人税の申告で減価償却していない資産は申告の対象となりますか？……………………………………………………………………… 192

Q3-4 少額償却資産とはどのような資産を指しますか？………………… 194

Q3-5 償却資産の要件である「事業の用に供する」とはどういうことを意味しますか？…………………………………………………………… 197

Q3-6 固定資産であっても償却資産税の申告の対象とならない資産はありますか？……………………………………………………………… 200

Q3-7 相続した償却資産はどのように申告すればよいのですか？……… 202

Q3-8 家屋の賃借人が家屋に取り付けた冷暖房設備は償却資産となりますか？……………………………………………………………………… 204

Q3-9 所得税・法人税の減価償却と償却資産税の減価償却とで取扱いに違いはありますか？………………………………………………………… 206

Q3-10 所有権留保付売買資産に係る償却資産税の納税義務者は誰ですか？……………………………………………………………………… 208

Q3-11 自動車であっても固定資産税の課税客体となるものがありますか？……………………………………………………………………… 210

Q3-12 法人税が課されない公益法人が所有する減価償却資産に固定資産税は課されますか？…………………………………………………………… 212

Q3-13 ペンションに設置されている大型テレビは償却資産に該当しますか？
·· 214

Q3-14 従業員の寮に備え付けられている備品等は償却資産に該当しますか？
·· 216

Q3-15 賃貸用住宅に係る償却資産の取得時期はいつですか？·············· 218

Q3-16 会社の合併又は分割により取得した償却資産の取得時期はいつですか？··· 220

Q3-17 遊休資産についても固定資産税は課税されますか？················ 224

Q3-18 広告宣伝用の看板について固定資産税は課税されますか？········ 226

Q3-19 建設仮勘定に含まれる固定資産には固定資産税は課税されますか？
·· 229

Q3-20 民間企業が開発した道路は土地と償却資産のいずれに該当するのでしょうか？··· 231

Q3-21 鶏舎や豚舎は家屋と償却資産のいずれに該当するのでしょうか？··· 234

Q3-22 可動間仕切りは家屋と償却資産のいずれに該当するのでしょうか？
·· 237

Q3-23 自社ビルに設置されたLAN配線設備は家屋と償却資産のいずれに該当するのでしょうか？··· 241

Q3-24 償却資産に係る固定資産税の納税義務者の例外とは何でしょうか？
·· 244

Q3-25 償却資産課税台帳の所有者が真の所有者でない場合、固定資産税の課税はどうなるのでしょうか？····································· 247

Q3-26 船舶や航空機のように移動する固定資産の課税はどの地方公共団体が行いますか？··· 249

Q3-27 償却資産の申告はどのように行うのでしょうか？····················· 252

Q3-28 設備投資に伴う固定資産税の減免措置とは何でしょうか？········ 257

第4章　課税・徴収・争訟手続き

Q4-1　固定資産税の納期はいつですか？……………………………………… 260

Q4-2　固定資産税の徴収と納付はどのように行うのでしょうか？……… 262

Q4-3　固定資産税の仮徴収とは何でしょうか？………………………… 265

Q4-4　固定資産税の徴税ミスが多いと聞きますが本当でしょうか？…… 268

Q4-5　収益性が低下した物件の固定資産税評価額が高すぎるのではないかと思うのですが、どうしたらよいでしょうか？…………………… 273

Q4-6　自分の知らない土地の固定資産税を納付するよう求められましたが、どうすればよいのでしょうか？…………………………………… 276

Q4-7　固定資産税の調査はどのように行われますか？…………………… 279

Q4-8　償却資産の申告内容に誤りがある場合、どうすればよいでしょうか？………………………………………………………………………… 281

Q4-9　固定資産の価格に不服がある場合、どうすればよいでしょうか？… 283

Q4-10　固定資産税の課税の内容に不服がある場合、どうすればよいでしょうか？…………………………………………………………………… 287

Q4-11　固定資産税に関し想定外の課税があったのですが、どうすればよいでしょうか？……………………………………………………………… 290

第1章

固定資産税の
基礎知識

Q 1-1

固定資産税とはどのような税金ですか？

最近住宅を購入しましたが、固定資産税という税金が課されることを知りました。固定資産税というのはどのような税金なのでしょうか、教えてください。

固定資産税は、土地、家屋及び償却資産の価額に対して課税される地方税（市町村民税）です。

<解説>

1　固定資産税とは

　固定資産税は、日本全国に所在する土地、家屋および償却資産の価額に対して課税する地方税で普通税[注1]です。地方税には道府県民税と市町村民税とがありますが、固定資産税は市町村民税です。したがって、固定資産税は市町村が課税しますが、東京23区（特別区）だけは東京都が課税します（地法736①、734①）。

　固定資産税は市町村民税の中で最もウェイトの大きい税目です。地方税収の内訳は次頁の図のとおりです。

注1　使途を特定せず一般経費に充てる目的で課される税金を普通税という。一方、特定の経費に充てる目的で課される税金を目的税という。固定資産税は前者であり、都市計画税は後者である。金子宏『租税法（第二十一版）』（弘文堂・2016年）17頁。

第1章　固定資産税の基礎知識

○地方税収の構成（平成28年度地方財政計画額）

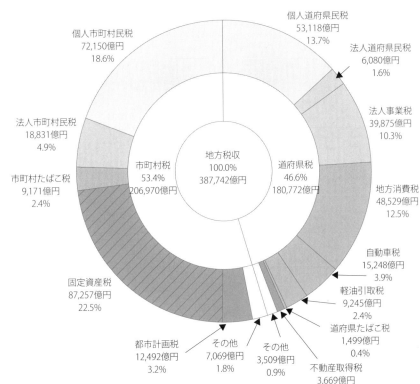

（注）　1　各税目の％は、それぞれの合計を100％とした場合の構成比である。
　　　　2　道府県税及び市町村税は超過課税、法定外税等を含まない。
　　　　3　個人道府県民税は利子割、配当割、株式等譲渡所得割を含み、法人事業税は地方法人特別譲与税を含まない。
　　　　4　計数はそれぞれ四捨五入によっているので、計とは一致しない場合がある。
（出所）総務省ホームページ

　上記の図のとおり、固定資産税の税収は約8.7兆円と地方税収全体の22.5％、市町村民税収全体の42.2％と半分近くを占め、地方税において単独の税目で最もウェイトが大きいことから、まさに地方税における「基幹税」

3

であると言えます。

2 固定資産税の課税対象

　固定資産税の課税対象（課税客体ないし課税物件）は固定資産で、具体的には土地、家屋および償却資産の3種類に分けられます（地法342①、341一）。このうち「償却資産」とは、一般に、土地および家屋以外の事業の用に供することができる減価償却資産をいいます[注2]。

　なお、土地および家屋の計数は以下のとおりです（償却資産については統計が公表されていません）。

○固定資産税の課税客体

土地	家屋
179,121,118筆*	58,561,396棟

＊評価総筆数
（出所）総務省「平成26年度　固定資産の価格等の概要調書」

3 固定資産税の納税義務者

　固定資産税の納税義務者は、1月1日（賦課期日）現在において土地、家屋および償却資産の所有者として、固定資産課税台帳に登録されている者です（地法343①②③、台帳課税主義）。固定資産課税台帳とは、以下の台帳の総称です。

① 土地：土地登記簿又は土地補充課税台帳
② 家屋：家屋登記簿又は家屋補充課税台帳
③ 償却資産：償却資産課税台帳

　なお、所有者として固定資産税台帳に登録されている者が1月1日より前に死亡している場合には、1月1日現在に、その土地や家屋を現に所有

注2　ただし、自動車税の課税対象となる自動車、軽自動車税の課税対象となる原動機付自転車等は除く（地法341四）。

第1章　固定資産税の基礎知識

している者が納税義務者となります（地法343②）。

資産ごとの納税義務者数は以下のとおりです。

○資産別固定資産税納税義務者数

土地	家屋	償却資産
40,041,126人	40,379,937人	4,186,625人

（出所）総務省「平成26年度　固定資産の価格等の概要調書」

4　固定資産税の課税標準

固定資産税の課税標準は、1月1日（賦課期日）現在における固定資産の価格として固定資産課税台帳に登録された金額です（地法349、349の2）。ここでいう「価格」とは、適正な時価をいうとされています（地法341五）。

固定資産の価格の具体的な算定方法については、後述第2章および第3章を参照してください。

5　固定資産税の税率

固定資産税の税率は1.4%[注3]です（標準税率、地法350①）。ただし、市町村は1.4%を超える税率を設定することができます（超過税率）。

また、超過税率を設定する場合で、以下の①②のいずれの要件にも該当するときには、市町村は当該市町村議会において、いわば課税が狙い撃ちされた「特定の納税義務者（下記②の納税義務者）」の意見を聴取することが求められています（地法350②）。

①　1.7%を超える税率にする場合

②　特定の納税義務者の固定資産税の課税標準の総額がその市町村の課税標準の総額の3分の2を超える場合

注3　なお、平成16年度の税制改正で制限税率2.1%は廃止された。

6　固定資産税の免税点

　資産ごとに以下のとおり免税点（合計金額がその金額に達するまでは課税されない水準のこと）が定められています（地法351）。

○固定資産税の免税点

土地	30万円
家屋	20万円
償却資産	150万円

　ただし、財政上等の特別の必要があるときには、市町村の条例の定めるところにより、上記金額に満たない場合であっても固定資産税が課されることがあります（地法351但書）。

第1章　固定資産税の基礎知識

 1–2

固定資産税の課税対象となる資産は何ですか？

固定資産税の課税対象となる資産は、その名のとおり固定資産であると思われますが、具体的にはどのようなものを指すのでしょうか、教えてください。

固定資産税の課税対象となる固定資産は、大きく分けて土地、家屋および償却資産の3種類です。

＜解説＞

1　固定資産税の課税対象

Q1-1で触れたとおり、固定資産税の課税対象（課税客体ないし課税物件）は固定資産で、具体的には土地、家屋および償却資産の3種類に分けられます（地法342①、341一）。

2　土地の意義

固定資産税の課税客体である土地は、具体的には、田、畑、宅地、塩田、鉱泉地、池沼、山林、牧場、原野、雑種地その他のあらゆる土地をいいます（地法341二）。これは基本的に、不動産登記法や不動産取得税の土地の意義（地法73二）と同様であると解されています。

なお、公有水面埋立法による埋立地や干拓地は、竣工認可前は海や湖（公

有水面）として扱われるため、原則として固定資産税の課税客体である土地とはされませんが、工作物を設置するなど一般の土地と同様の状態で使用されているものは、竣工認可前であっても土地とみなして固定資産税が課されることとなります（地法343⑦）。

3　家屋の意義

　次に、固定資産税の課税客体である家屋ですが、具体的には、住家、店舗、工場（発電所及び変電所を含む）、倉庫その他の建物をいいます（地法341三）。家屋の場合も、不動産登記法や不動産取得税の家屋の意義（地法73三）と同様であると解されています。

　固定資産税の課税客体である家屋の認定は、原則として、賦課期日現在における家屋の現況に基づいて判断することとなります。

　建築中の家屋については、以下の①～④の要件をすべて満たしている状態に達している場合には、社会通念上1個の建物と認識することができるので、固定資産税の課税客体である家屋と認定されます（昭和31年3月9日自丁市発第27号市町村税課長回答）。

　①　柱が建っている

　②　屋根を葺いている

　③　外壁が塗り終わっている

　④　独立して風雨をしのぐことができる

　実務上は、新築工事中の建物についてはその工事が完了して初めて固定資産税が課されますが、例外的に、外部工事や内装の一部が未了であっても、家屋の使用が開始されている場合には、課税される可能性があります。

4　償却資産の意義

　固定資産税の課税客体である償却資産ですが、一般に、土地および家屋以外の事業の用に供することができる減価償却資産をいい、鉱業権、漁業

権、特許権その他の無形減価償却資産（無形資産）は除かれています（地法341四）。

地方税法ではさらに償却資産の要件として、減価償却費が法人税法又は所得税法の規定による所得の計算上損金又は必要経費に算入されるもので、少額償却資産ではないこと、が挙げられています（地法341四）。したがって、減価償却が可能な資産であっても、商品として保有する資産（例えば、工業用ミシンを製造販売するメーカーが保有する工業用ミシンなど）は棚卸資産となるため、固定資産税における償却資産には該当しません。

ここでいう「少額償却資産」とは、以下のいずれかの要件に該当する資産をいいます（地令49）。

① 耐用年数1年未満又は取得価額10万円未満のもので、法人税法上又は所得税法上、一時の損金又は必要経費に算入されるもの

② 取得価額20万円未満のもので、法人税法上又は所得税法上、3年間で一括して損金又は必要経費に算入されるもの（一括償却資産）

なお、取得価額30万円未満（取得価額合計300万円まで）の減価償却資産が一時の損金とされる、中小企業者等の少額減価償却資産の取得価額の損金算入の特例（措法67の5、28の2）の適用を受ける減価償却資産は、固定資産税の償却資産に関する上記「少額償却資産」には該当しないことに留意すべきでしょう。

5　家屋と償却資産との差異

家屋も減価償却資産であるため、固定資産税における償却資産との差異が問題となります。両者の差異は以下のようになります。

すなわち、家屋は事業用のみならず非事業用（自己の居住用など）であっても固定資産税の課税客体となりますが、償却資産は事業の用に供するもののみ課税客体となるという点が異なります。

Q 1-3

固定資産税の納税義務者は誰ですか？

固定資産税は誰に対して課される税金なのでしょうか、教えてください。

固定資産税の納税義務者は、原則として固定資産の所有者ですが、その所有者は固定資産税課税台帳に登録された者であるとされています。

＜解説＞

1　所有者課税主義

　固定資産税の納税義務者は、原則として、賦課期日である1月1日における固定資産の所有者となりますが、これを一般に「所有者課税主義」といいます（地法343①、359）。

2　台帳課税主義

　所有者課税主義の場合、誰が所有者であるのかが問題となりますが、地方税法上、固定資産税課税台帳に登録された者を所有者としています（地法343②③）。Q1-1で説明したとおり、固定資産課税台帳とは、以下の台帳の総称です。

　①　土地：土地登記簿又は土地補充課税台帳
　②　家屋：家屋登記簿又は家屋補充課税台帳
　③　償却資産：償却資産課税台帳

固定資産税においては、上記固定資産税台帳に登録されたところによって課税することとなりますが、これを一般に「台帳課税主義」といいます（地法381）。固定資産税に関し台帳課税主義が採用されたのは、判例によれば、課税庁が一々実質的所有権の帰属者を調査し、所有者の変動ごとにその所有期間に応じて税額を確定賦課させることは、徴税義務を極めて複雑困難にすることであることに鑑み、徴税の事務処理の便宜上、納税義務者の判定に当たっては、画一的形式的に登記簿上の所有名義人を所有者として取り扱えば足りるとしたものであると解されています（福岡地裁昭和56年4月23日判決・行政事件裁判例集32巻4号616頁）。

なお、2004年に全面改正された不動産登記法においては、登記は電子化され、登記簿は登記記録となり、土地登記簿・家屋登記簿の区別もなくなりました。

土地・家屋については、登記簿に所有者として登録されている者は私法上の真実の所有者とは限りませんが（不動産登記に公信力はありません[注4]）、便宜上、登記簿に所有者として登録されている者をその固定資産の所有者とし、固定資産税の納税義務者とします。なお、電子化された登記簿の情報は以下のような「登記事項証明書」として交付されます。

注4 内田貴『民法Ⅰ（第4版）』（東京大学出版会・2008年）62頁。

○登記事項証明書の例（建物）

全部事項証明書　　　　（建物）

【 表 題 部 】(主 た る 建 物 の 表 示)			調製 余白		所在図番号 余白	
【所　　　在】 ▨▨▨▨▨▨▨▨▨▨▨▨▨▨			余白			
【家屋番号】 ▨▨▨▨			余白			
【①種　類】	【②構　造】	【③床　面　積】　㎡		【原因及びその日付】		【登記の日付】
居宅	木造スレート葺2階建	1階　　66：88 2階　　55：83		平成13年2月21日新築		平成13年3月15日
【所有者】 ▨▨▨▨▨▨▨▨▨▨▨▨▨						

【　甲　　区　】(所 有 権 に 関 す る 事 項)				
【順位番号】	【登 記 の 目 的】	【受付年月日・受付番号】	【原　　　　因】	【権 利 者 そ の 他 の 事 項】
1	所有権保存	平成13年3月27日 第11797号	余白	所有者 ▨▨▨▨▨▨▨▨ ▨▨▨▨▨▨

【　乙　　区　】(所 有 権 以 外 の 権 利 に 関 す る 事 項)				
【順位番号】	【登 記 の 目 的】	【受付年月日・受付番号】	【原　　　　因】	【権 利 者 そ の 他 の 事 項】
1	抵当権設定	平成13年5月7日 第16275号	平成13年5月3日金銭消費貸借平成13年5月3日設定	債権額　金1,100万円 利息　年2・750%　ただし、平成23年5月3日から年4・000% （ただし月割計算。月未満の期間は年365日日割計算） 損害金　年14・5%(年365日日割計算) 債務者 ▨▨▨▨▨▨▨▨▨▨▨▨

　償却資産については、基本的に資産の所有者からの申告により償却資産課税台帳が作成され、それに基づき課税されることから、台帳登録者と真の所有者とが異なるケースは比較的少ないものと考えられます。

3　登記簿に登記されていない土地および家屋の納税義務者

　登記簿に登記されていない土地又は家屋に係る固定資産税の納税義務者は、原則として、当該土地又は家屋の現実の所有者が、当該土地又は家屋の所有者として土地補充課税台帳又は家屋補充課税台帳に登録され、その登録された者が当該土地又は家屋に係る固定資産税の納税義務者となります（地法342②、381②④）。

第1章　固定資産税の基礎知識

4　特定の質権者又は地上権者の取扱い

　質権又は100年より長い存続期間の定めのある地上権が設定されている土地については、当該土地の所有者ではなく、質権者又は地上権者を納税義務者として固定資産税が課税されます（地法343①）。

1-4

都市計画税とはどのような税金なのでしょうか？

このたび自宅を新築したため、固定資産税が課されるようになりました。自宅のある市から納税通知書が送られてきましたが、それにより、合わせて都市計画税という税金が課されていました。都市計画税というのは固定資産税とは別の税金なのでしょうか、教えてください。

都市計画税とは、都市整備などの費用に充てるために導入された市町村税の目的税で、原則として都市計画法による市街化区域内に所在する土地・家屋の所有者として、毎年1月1日現在、固定資産課税台帳に登録されている方に課税されます。

＜解説＞

1　都市計画税とは

　都市計画税とは、都市整備などの費用に充てるために導入された市町村税の（受益者負担的）目的税で、原則として都市計画法による市街化区域内[注5]に所在する土地・家屋の所有者として、毎年1月1日（賦課期日）現在、固定資産課税台帳に登録されている者に課税されます[注6]（地法702①）。

[注5]　市街化調整区域であっても、都市計画税を課さないことが著しく均衡を失すると認められる特別の事情がある場合には、例外的に課されることがある。
[注6]　市街化区域を有していても都市計画税を課すかどうかは市町村の任意である。そのため、

第1章　固定資産税の基礎知識

なお、東京23区（特別区）は都が都市計画税を課税します（地法735①、734①）。

2　都市計画税の課税客体と税率

都市計画税の課税客体と税率は以下のとおりです。

① 　土地

　　土地の課税標準×0.3％

② 　家屋

　　家屋の課税標準×0.3％

上記算式中の「課税標準」は、固定資産税と同一で、1月1日現在、固定資産課税台帳に登録されている「価格」です（地法702②）。

ただし、固定資産税と異なり、償却資産は都市計画税の課税客体から除かれています。

なお、都市計画税の税率は0.3％[注7]を超えることはできません（制限税率、地法702の4）。

〔事例〕

● 都市計画税課税標準額（土地）：8,850,000円

● 税率：0.3％

　　都市計画税額＝8,850,000円×0.3％＝26,550円⇒26,500円

（百円未満切捨）

3　都市計画税の納税義務者

都市計画税の納税義務者は、1月1日現在、土地、家屋の所有者として、固定資産課税台帳に登録されている者です（地法702②）。すなわち、固定

浦安市や鴨川市のように、市街化区域を有していても都市計画税を課していない自治体が存在する。

注7　松戸市は0.23％、銚子市は0.2％、成田市は0.05％など、0.3％未満の市町村も存在する。

15

資産税と同一です。

4 都市計画税の納付時期と方法

都市計画税の納付時期は4月（第1期）、7月（第2期）、12月（第3期）、2月（第4期）の年4回で、第1期の納付月に送付される納税通知書によって、各納期限までに納めます（地法702の7①）。なお東京都の場合、都市計画税の納付時期は6月（第1期）、9月（第2期）、12月（第3期）、2月（第4期）の年4回で、各期の納期限は末日です（都税条例129）。

都市計画税は土地、家屋の固定資産税とあわせて課税されます。通常、納税通知書には、都市計画税と固定資産税の両方の税額が記載されています。

5 非課税の範囲

都市計画税の非課税の範囲は以下のとおりです。

① 人的非課税[注8]

以下に掲げる者は都市計画税が非課税とされています（地法702の2①）。

ア．国

イ．非課税独立行政法人

ウ．国立大学法人等

エ．日本年金機構

オ．都道府県

カ．市町村

キ．特別区

ク．地方公共団体の組合

ケ．財産区

注8 人的非課税及び物的非課税については、Q1-14及びQ1-15参照。

第1章　固定資産税の基礎知識

　　コ．地方開発団体

　　サ．合併特例区

　　シ．地方独立行政法人

②　物的非課税及び免税点以下

　以下の規定により固定資産税を課すことができない土地又は家屋は、都市計画税も非課税とされています（地法702の2②）。

- 地方税法第348条第2項から第5項まで、第7項もしくは第9項又は同法附則第14条（物的非課税、Q1-15参照）
- 地方税法第351条（固定資産税の免税点、Q1-7参照）

6　都市計画税と固定資産税との比較

　都市計画税と固定資産税とは非常に似た税目ですが、異なる点もありますので、両者を比較した表を以下に示しておきます。

○都市計画税と固定資産税との比較表

項目	固定資産税	都市計画税
課税客体	土地、家屋、償却資産	土地、家屋
税金の性格	普通税	目的税
課税標準	課税客体の価格	課税客体の価格
納税義務者	課税客体の所有者	課税客体の所有者
税率	1.4%（標準税率）	0.3%（制限税率）
税収 （平成28年度地方財政計画額）	8兆7,257億円	1兆2,492億円

17

Q 1–5

年の途中で不動産の売買があった場合、固定資産税は誰に課されますか？

固定資産税は賦課期日である1月1日の所有者に課税されるようですが、年の途中で不動産の売買があった場合、その年分の固定資産税は、不動産の売手と買手のいずれに課税されるのでしょうか、教えてください。

固定資産税の納税義務者は、1月1日の固定資産の所有者として、固定資産課税台帳に登録されている者ですので、年の途中で不動産の売買があった場合も、1月1日の不動産の所有者である売手に固定資産税が課されます。ただし、不動産の売買の場合には、実務上、売手に課された固定資産税は売買期日を基に期間按分して、買手から売手に買手が負担すべき金額を交付する旨契約書に明示するのが通例です。

＜解説＞

1　固定資産税の納税義務者

　Q1-3で説明したとおり、固定資産税の納税義務者は、賦課期日である1月1日における固定資産の所有者として、固定資産課税台帳に登録されている者です。したがって、年の途中で不動産の売買があった場合も、その年の1月1日の不動産の所有者である売手に固定資産税が課されます。

2　不動産売買における固定資産税の精算

　ただし、不動産の売買の場合には、実務上以下のように、売手に課された固定資産税は売買期日を基に期間按分して、買手から売手に買手が負担すべき金額（未経過固定資産税精算額）を交付するのが通例です。

○不動産売買における固定資産税の精算

売買代金・未経過固定資産税精算額

〔設例〕
- 2015年5月31日に不動産（中古住宅）の引渡しを行う
- 2015年度の固定資産税年税額は20万円
  ① 売手負担額
  　2015年1月1日から5月30日まで日数（引渡しの前日まで）：150日
  　$200,000円 \times \dfrac{150日}{365日} = 82,191円$
  ② 買手負担額
  　$200,000円 - 82,191円 = 117,809円$

なお、上記のような固定資産税額の精算は、あくまで売買当事者間の契約で定められるものであって、固定資産税の課税関係には何ら影響を及ぼしません。

3　固定資産税精算額の譲渡所得課税上の取扱い

　不動産の売買において、上記のような固定資産税精算額（買手の固定資産税負担額）が生じる場合には、当該金額は売手（個人）の譲渡所得の計算上、収入金額に加算することとなります（国税不服審判所平成14年8月26日裁決・裁事64巻152頁）。

Q 1-6

年の途中で固定資産の売買があった場合、償却資産税は誰に課されますか？

Q1-5で、年の途中で不動産の売買があった場合、固定資産税は誰に課されるのかが問題となりましたが、それでは、年の途中で中古機械の売買があった場合、償却資産税は誰に課されるのでしょうか、教えてください。

固定資産税の納税義務者は、1月1日の固定資産の所有者として、固定資産課税台帳に登録されている者ですので、年の途中で機械の売買があった場合も、1月1日の機械の所有者である売手に固定資産税（償却資産税）が課されます。ただし、機械等の償却資産の売買の場合にも、実務上、売手に課された固定資産税は売買期日を基に期間按分して、買手から売手に買手が負担すべき金額を交付する旨契約書に明示することがあります。

＜解説＞

1 償却資産税の納税義務者

Q1-5で説明したとおり、固定資産税の納税義務者は、賦課期日である1月1日における固定資産の所有者として、固定資産課税台帳に登録されている者です。したがって、年の途中で機械等の償却資産の売買があった場合も、1月1日の機械等の所有者である売手に償却資産税が課されます。

2 償却資産の売買における固定資産税の精算

　ただし、機械等の償却資産の売買の場合にも、実務上契約により、売手に課された償却資産税について売買期日を基に期間按分して、買手から売手に買手が負担すべき金額（未経過償却資産税精算額）を交付することがあります。

3 未経過償却資産税精算額の取扱い

　法人間における機械等の償却資産の売買の際に、買主が売主に対して支払った未経過償却資産税精算額は、法人税法上、買主における当該償却資産の取得価額に算入すべきものとなります（法令54①一）。

Q 1-7

償却資産税の免税点はいくらでしょうか？

私はSOHOでITコンサルティングを行っている個人事業主です。私のような小規模零細事業者であっても、償却資産を所有する事業者は皆、償却資産税の申告・納税を行う必要があるのでしょうか、教えてください。

償却資産税の免税点は150万円であり、保有する償却資産の課税標準の合計額が150万円以上でない限り償却資産税は課税されません。

＜解説＞

1 償却資産税の課税

Q1-5で説明したとおり、固定資産税の納税義務者は、賦課期日である1月1日における事業の用に供されている固定資産の所有者として、固定資産課税台帳に登録されている者です。したがって、小規模事業者であっても、償却資産を所有する個人事業主は、原則として償却資産税が課されることとなります。

2 償却資産税の免税点

ただし、償却資産を所有する事業者はすべて償却資産税の申告を行い、納税を行う必要があるとは限りません。なぜなら、固定資産税には免税点制度が設けられているからです。

第1章　固定資産税の基礎知識

　すなわち、市町村は同一の者について、その市町村の区域内におけるその者の所有する土地、家屋又は償却資産について、課税標準額の合計額がそれぞれ30万円、20万円、150万円に満たない場合においては、固定資産税が課されないこととなっています（免税点制度、地法351）。なお、固定資産税の免税点が現在の水準となったのは、平成3年からです。

　したがって、小規模事業者で、その保有する同一市町村区域内の償却資産の課税標準額の合計額が150万円に満たない場合には、固定資産税（償却資産税）は課されないこととなります。

3　免税点の判定単位となる同一市町村

　固定資産税の免税点は、同一市町村区域内の固定資産（土地、家屋、償却資産ごと）の課税標準の合計額で判定しますが、東京23区（特別区）及び政令指定都市（札幌市、仙台市、さいたま市、川崎市、横浜市、相模原市、千葉市、新潟市、静岡市、浜松市、名古屋市、京都市、大阪市、堺市、神戸市、岡山市、広島市、北九州市、福岡市及び熊本市の20市、地方自治法第252条の19第1項）の区の区域は、一つの市（東京23区は全体で市とみなす）の区域として免税点を判定します（地法737）。

　例えば、東京都中野区と杉並区に償却資産を有する事業者は、区ごとではなく両方の区に所在する資産を合算して免税点を判定することとなります。

4　償却資産の評価額の下限

　償却資産の評価額は、減価償却によって毎年減額していきますが、その評価額が取得価額の5％を下回るときは、取得価額の5％が評価額となります（固定資産評価基準第3章第1節十）。

Q 1-8

固定資産税はどういう性格の税と考えられるでしょうか？

地方税には住民税や事業税、地方消費税などがありますが、それらに加えて固定資産税を課す根拠は何でしょうか、教えてください。

固定資産税は一般に、行政サービスの対価を資産の保有場所との関係でとらえた応益税としての性格が強い税金であると考えられます。

＜解説＞

1　応益税としての固定資産税

　税金の課税根拠（負担原則）としては、理論的に、応能税と応益税とがあります。このうちの応能税は、税を負担する人の経済的能力（担税力）に応じて税を負担すべきという考え方に基づき課される税金です。応能税の典型は所得税です。

　また、応益税は、行政サービスなどの受益に応じて税を負担すべきという考え方に基づき課される税金です。市町村の行う道路整備、上下水道の敷設、教育や消防サービスの提供などにより、一般にその市町村に土地や家屋、償却資産を保有する者の資産価値は増加します。そのため、このような行政サービス提供の対価として、土地や家屋、償却資産を課税客体とする固定資産税を課すのが妥当であるというのが、応益税としての固定資産税であるといえます。

2　財産税としての固定資産税

　固定資産税は別の見方として、財産税であるとされることがあります。財産税とは、財産の所有という事実に着目して課される税金です[9]。財産税には財産全体を課税対象とする一般財産税と、特定種類の財産を課税対象とする個別財産税とがありますが、固定資産税は後者に該当します。

　ただし、固定資産税の課税客体である償却資産と、土地・家屋の多くはその使用によって得られる利益を納税原資とするため、収益税[10]としての性格もあると解されています（収益税的財産税）。

　なお、最近話題になったピケティの『21世紀の資本』（山形浩生他訳・みすず書房）で挙げられた「グローバルな累進的富裕税（Global Progressive Tax on Capital）」は、一般財産税の一形態であると考えられます。一般財産税は、執行体制が整えば、大きな再分配機能を有するといえます。

注9　金子前掲注１書14頁。
注10　所有する生産要素からもたらされる収益を対象として課される税金をいう。金子前掲注１書14頁。

Q 1-9

都市計画税には住宅用地の特例措置があるそうですが？

都市計画税には固定資産税と同様に、住宅用地の特例措置があるそうですが、その具体的な内容を教えてください。

都市計画税においては、住宅用地について、課税標準の特例措置が講じられており、小規模住宅用地は価格の3分の1、その他の住宅用地は価格の3分の2に軽減されています。

＜解説＞

1　住宅用地の特例措置

　都市計画税においては、固定資産税と同様に、住宅用地について課税標準の特例措置が講じられています（地法702の3）。

2　都市計画税の住宅用地の特例措置

　都市計画税における住宅用地の特例措置は、以下のようになります。
① 　小規模住宅用地（住宅1戸あたり200m^{2}までの住宅用地）
　　価格の3分の1に軽減
② 　その他の住宅用地（住宅1戸あたり200m^{2}を超える部分の住宅用地で、家屋の床面積の10倍を限度とする）
　　価格の3分の2に軽減

第1章　固定資産税の基礎知識

　いずれも、固定資産税の軽減措置（Q2-18参照）の半分に縮減されています。これを表に示すと以下のとおりとなります。

○住宅用地の特例措置

	固定資産税	都市計画税
小規模住宅用地	価格（評価額）の１／６	価格（評価額）の１／３
その他の住宅用地	価格（評価額）の１／３	価格（評価額）の２／３

1-10

償却資産税の課税根拠は何でしょうか？

Q1-8で、固定資産税は応益税であり、財産税であるという説明を受けました。しかし、償却資産に対する固定資産税の課税は、その使用からもたらされる利益に対する課税（収益税）であるという点において、法人税や所得税（事業所得）、法人・個人事業税との二重課税ではないかという疑問が生じます。このような性格を持つ償却資産税の課税根拠は何でしょうか、教えてください。

確かに、償却資産税の収益税としての性格を重視すると、法人税や所得税（事業所得）、法人・個人事業税との二重課税ではないかという疑問には十分な根拠があるものと考えられます。

<解説>

1　償却資産税の性格

　Q1-8で説明したとおり、償却資産税は一般に、行政サービス提供の対価として課される税金であるとして、応益税としての性格が強いとされています。一方で、固定資産税の課税客体である償却資産は、その使用によって得られる利益を納税原資とするため、収益税としての性格もあると解されています。

　特に償却資産税の収益税としての性格に着目すると、法人税や所得税（事

業所得）のような所得に対する課税との二重課税、地方税である法人・個人事業税のような事業に対する課税（応益税とみることも可能である）との二重課税ではないかという疑問には、十分な根拠があるものと考えられます注11。

そもそも、償却資産税は、シャウプ勧告に基づく昭和25年の税制改正で、船舶税・軌道税・電柱税等といった特定種類の償却資産に対する諸税を包摂する形で導入された税目で注12、その課税に対する理論的根拠は、土地・家屋に対する固定資産税と比較すると乏しいと考えられます。

2　市町村税としての償却資産税の重要性

そうはいっても、以下のように市町村税としてそれなりに重要な税源である償却資産税を廃止に追い込むことは、現実には相当困難であるといえます。

○固定資産税に占める償却資産税の割合（平成24年度決算額）

	土地	家屋	償却資産	合計
税額	3兆3,990億円	3兆5,514億円	1兆5,387億円	8兆4,890億円
割合	40.04%	41.83%	18.12%	100%

（出所）総務省ホームページ

平成27年度の税制改正では、設備投資促進の観点からそれを阻害し得る償却資産税の見直しが論点となりましたが、地方団体等からの反対により、

注11　この点に関する論考として、中里実『デフレ下の法人課税改革』（有斐閣・2003年）34－45頁参照。

注12　金子前掲注1書646頁参照。

現状維持（検討課題[注13]）とされています[注14]。

　また、平成28年度税制改正でも償却資産税の見直しが検討され、自民党税調の会合で一旦見送りとされましたが[注15]、最終的には改正されました（Q3-28参照）。

　地方税体系の中で、地方住民税・事業税と償却資産税をどのように整理・統合するのかが、今後の重要なテーマとなりそうです。

注13　自民党・公明党「平成27年度税制改正大綱」検討事項18参照。

注14　青木信之「地方財政・地方税制の現状と課題」『租税研究』2015年7月号38頁資料51参照。

注15　2015年11月30日時事通信。

第1章　固定資産税の基礎知識

商業地と住宅地とでは固定資産税の負担感に差があるのでしょうか？

固定資産税は税率1.4％で統一されていますが、私の個人的な感覚では、商業地の方が住宅地よりも負担が重いような印象があります。これは私の錯覚なのでしょうか、教えてください。

国土交通省の調査によれば、土地に係る固定資産税の実効税率の推移を見てみると、昭和50年以降一貫して商業地の方が住宅地よりも税率が高いという結果が出ていますので、質問者の感覚には根拠があるものと考えられます。

＜解説＞

1　固定資産税の税率

　固定資産税の税率（標準税率）は1.4％であり（地法350①）、昭和30年度から現在まで長期にわたり据え置かれています。当該税率は土地、家屋および償却資産を問わず同一です。

　もっとも、税率は各市町村の条例により定められますので、標準税率を超える税率で固定資産税が課されるケースもあります。仮に、その税率が1.7％を超える場合で、ひとりの納税義務者に係る課税標準の総額が市町村の課税標準の総額の3分の2を超えるケースについては、平成10年度の

31

税制改正により、市町村の議会において当該納税義務者の意見を聴くこととなります（地法350②）。

　総務省によれば、平成25年4月1日現在の固定資産税の超過課税（1.4％を超える税率で課税すること）実施団体数は156団体です。

2　土地に係る固定資産税の実効税率

　土地に対する標準税率が日本全国同一の1.4％であれば、商業地であろうが住宅地であろうが負担割合（実効税率）は基本的に同一のはずです。しかし、下記の国土交通省の調査によれば、土地に係る固定資産税の実効税率（税額÷資産額）の推移を見てみると、昭和50年以降一貫して商業地の方が住宅地よりも税率が高いという結果が出ています。

○土地に係る固定資産税の実効税率の推移

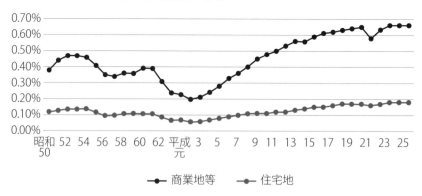

（注）税額は総務省「固定資産の価格等の概算調書」の課税標準額×1.4％、資産額は、平成9年度以降は総務省「固定資産の価格等の概算調書」の決定価格÷0.7、平成8年度以前は内閣府「国民経済計算ストック編」の民有宅地資産額に補正率を乗じて算出。
（出所）国土交通省資料を基に筆者作成

第1章　固定資産税の基礎知識

　前頁の表によれば、平成25年度の商業地等の実効税率は0.66％、住宅地は0.18％と、いずれも標準税率（1.4％）からかなり下方に乖離しており、特に住宅地の乖離度合いが大きいといえます。これは、実効税率の分母である「資産額」が7割評価前の「時価」になっていること（すなわち、7割評価に合わせた場合標準税率は1.4％×0.7＝0.98％に相当する）、及び、住宅地は課税標準を3分の1又は6分の1とする特例が導入されていることが主な理由と考えられます。

　したがって、質問者の「商業地の方が住宅地よりも固定資産税の負担が重いのでは」という感想には、実態上・データ上の根拠があるものと考えられます。

33

Q 1-12

固定資産評価基準にはどのような法的根拠があるのでしょうか？

固定資産税の課税客体である固定資産の評価については、固定資産評価基準に基づき行われるようですが、当該基準には法的根拠はあるのでしょうか、教えてください。

固定資産評価基準は、総務大臣が地方税法の委任を受けて定めて告示するものですから、それ自体租税法規の一部を構成するものと解されています。

＜解説＞

1　固定資産評価基準とは

　固定資産税の課税客体である固定資産の評価とその価格の決定は、多分に専門技術的な性質を持っているうえ、評価方法やその額に地域的な不均衡が生じるのは望ましくないため、全国統一的な評価の基準が求められているといえます注16。そこで総務大臣は、固定資産の評価について全国的な統一を図り、市町村間の均衡を維持するため、固定資産の評価の基準、評価の実施方法及び手続を定め告示しています。これが「固定資産評価基準」です（地法388①）。

注16　金子前掲注1書680頁。

第1章　固定資産税の基礎知識

　固定資産評価基準が実務に与える影響は大きく、市町村長は、固定資産の価格を決定する際には、固定資産評価基準によることが求められています（地法403①）。

2　固定資産評価基準の法的意義

　相続税の財産評価実務を事実上規定しているのは、国税庁が定める財産評価基本通達（平成3年12月18日課評2－4・課資1－6）です。しかし通達は法源ではありませんので、争訟において裁判所がそれに拘束されることはありません[注17]。

　ただし、財産評価基本通達の内容が不特定多数の納税者に対する反復・継続的な適用によって「行政先例法（一種の慣習法）」となっている場合には、それと異なる評価を行うことは違法となると解されていますので[注18]、実務上はもちろんのこと法的にも、当該通達は重要な地位を占めていると考えられます。

　一方、固定資産税の評価実務において根拠とされる固定資産税評価基準について、地方税法では、総務大臣は、固定資産の評価の基準並びに評価の実施の方法及び手続（固定資産評価基準）を定め、これを告示しなければならないとされ（地法388①）、市町村長は、固定資産評価基準によって、固定資産の価格を決定しなければならないとされています（地法403①）。

　固定資産評価基準の法的意義について、学説上は、一種の委任立法であり、補充立法であると解されています[注19]。

　裁判例では、「固定資産評価基準は、総務大臣が地方税法の委任を受けて定めて告示するものである（中略）から、それ自体租税法規の一部を構

注17　金子前掲注1書109頁。
注18　金子前掲注1書631頁参照。
注19　金子前掲注1書680頁参照。金子名誉教授は、立法論としては、固定資産評価基準を法律又は政省令で定めることも検討する価値があるとしている。金子前掲注1書681頁。

35

成するものと解され（下線部筆者）」るとされています（東京地裁平成24年
1月25日判決・判タ1387号171頁）。

第1章　固定資産税の基礎知識

1-13

固定資産税はなぜ賦課課税方式なのでしょうか？

所得税や法人税は申告納税ですが、固定資産税は賦課課税となっています。そのため、一度自治体が課税を誤った場合、何十年もその是正がなされないまま放置されるという現象が起こっていると報道されています。固定資産税が賦課課税方式なのはなぜなのでしょうか、教えてください。

固定資産税は納付すべき税額を課税庁が確定する賦課課税方式が採られていますが、その理由としては、課税客体の大部分を占める土地・家屋の納税義務者が多岐にわたり、申告に不慣れな者も少なからず含まれていること、及び土地・家屋の所有と評価は登記等により外形的に把握が可能であるため、特に申告を求めなくとも執行が可能なこと、といったことが考えられます。

＜解説＞

1　租税確定手続の意義

　納税者が負うべき納税義務は、各税法に規定された課税要件が充足されれば、一応成立します。しかし、納税義務を具体的に確定しそれを履行させるためには、税額を算定しそれを納付する手続きを経る必要があります。このような手続きを一般に租税確定手続といいますが、その方法には以下

37

のとおり申告納税方式と賦課課税方式の二種類があります[20]。

① 申告納税方式

申告納税方式とは、納付すべき税額が納税者の申告によって確定することを原則とし、申告がない場合や申告内容に問題があると認められる場合に限って、課税庁の更正又は決定により税額が確定する方式をいいます（国税の場合は通法16①一、地方税の場合は地法1①八（申告納付））。所得税、法人税、相続税、消費税のように、国税では申告納税方式が一般的ですが、地方税では法人住民税、法人事業税、地方消費税など限定的にのみ採用されています。

申告納税方式は納税者の自発的な申告行為を前提とする、民主的な納税思想に基づく方法であると考えられます。

② 賦課課税方式

一方、賦課課税方式とは、納付すべき税額が専ら課税庁の行政処分によって確定する方式をいいます（国税の場合は通法16①二、地方税の場合は地法1①七（普通徴収））。地方税では、固定資産税や都市計画税を含め、賦課課税方式が一般的です。

2 なぜ賦課課税方式なのか

最近、固定資産税に関する市町村の課税ミスの報道が相次いでいます（後述Q4-4参照）。これはご指摘のとおり、固定資産税は賦課課税方式を採用していますが、仮に一度自治体が課税を誤った場合、納税者がそれに気づいて問題にしない限り、何十年もその是正がなされないまま放置されるためであると考えられます。

それでは、固定資産税や都市計画税に関し、賦課課税方式が採用されているのはなぜでしょうか。その理由は必ずしも明らかではありませんが、

---

[20] 金子前掲注1書816-818頁。

概ね以下の２つの理由があるものと考えられます。

① 大衆課税であるため

　固定資産税や都市計画税の課税客体は、その相当部分を土地および家屋が占めますが、当該土地および家屋の保有者である納税義務者の中には、普段納税申告を行わず申告作業に不慣れなサラリーマンや年金生活者等が多くいるため、申告納税方式にするよりも賦課課税方式にした方が、そのような納税者の便宜に適っているためではないかと考えられます。

　ただし、これについては、申告納税にして多数の中小零細納税者を相手にするよりも、一方的に税額を確定し通知した方が執行がやりやすいという、市町村側の都合という側面の方がむしろ強いといえるかもしれません。

② 資産の外形的把握が可能なため

　固定資産税や都市計画税の課税客体である土地・家屋は、その所有者は概ね登記により把握が可能であり、その評価も固定資産評価基準等により一律に行うことが可能であるため、市町村は特に納税者からの申告を求めなくとも執行が可能であると考えられます。この点、事業者が保有する有形固定資産を外形的に把握することが困難な償却資産（償却資産税）とは大きく異なるといえます。

1-14

固定資産税が非課税となる団体があるのでしょうか？

固定資産税が非課税となる団体があるそうですが、それはどのような団体なのでしょうか。また、非課税となる個人も存在するのでしょうか、教えてください。

固定資産税が非課税となる団体はありますが、非課税となる個人は存在しません。

＜解説＞

1 人的非課税と物的非課税

　租税法上、立法政策的には納税者となり得るものの、その者の特殊性に配慮して非課税とすることがありますが、これを一般に人的非課税又は人的課税除外といいます[注21]。

　それに対して、課税の対象とされている物や行為、事実のうち、特定のものを法令上課税の対象から除外することを物的非課税又は物的課税除外といいます[注22]。

注21 金子前掲注1書150頁。
注22 金子前掲注1書167－168頁。

2 固定資産税の人的非課税

固定資産税に関しては、人的非課税の規定があります。すなわち、国、都道府県、市町村、特別区（東京23区）、地方公共団体の組合・財産区[注23]、地方開発事業団及び合併特例区の所有する固定資産に対しては、固定資産税が課されません（地法348①）。固定資産税の場合、人的非課税となる個人は存在しません。

ただし、国または地方公共団体の固定資産で、私人の通常の固定資産と同様の状態で使用されているものについてまで、固定資産税を非課税とすることは妥当ではないといえます。そこで、例えば、民間空港の用に供する固定資産等については、固定資産税に準ずるものとして、その資産を所有する国・地方公共団体から、その資産の所在する市町村等に対して、交付金が交付されています（国有資産等所在市町村交付金法２①、５①）。

なお、固定資産税については、人的非課税と物的非課税とがリンクしているケースがほとんどです（Q1-15参照）。

注23 財産区とは、地方自治法が法人格を認めた特別地方公共団体であり、財産区の権限と能力は、所有する財産又は公の施設の管理及び処分又は廃止に限られ、市町村のように広い範囲で事務を処理することはできないとされている（地方自治法294①）。

1-15

固定資産税が非課税となる固定資産は何でしょうか？

Q1-14で、固定資産税には人的非課税と物的非課税があることを知り、そのうち人的非課税については解説で概ね理解できました。それでは、もう一つの物的非課税とは具体的にはどういうものを指すのでしょうか、教えてください。

固定資産税が非課税となる固定資産（物的非課税）には、以下の解説2のリストに掲げるものがあります。

＜解説＞

1　固定資産税の物的非課税

　次の**2**に掲げる固定資産は、その性格又は供される用途の特質に鑑み、固定資産税が非課税とされています（物的非課税、地法348②〜⑨、地法附則14）。ただし、これには以下の二つの例外があります。

　ア．市町村は、固定資産を有料で借り受けた者がこれを**2**の①〜㊽までに掲げる固定資産として使用する場合には、当該固定資産の所有者に固定資産税を課税することができます（地法348②但書）。

　イ．市町村は、**2**の①〜㊽までに掲げる固定資産がそれぞれ定められている目的以外の目的で使用されている場合には、当該固定資産に対し固定資産税を課税することができます（地法348③）。

第1章　固定資産税の基礎知識

2　固定資産税の物的非課税のリスト

固定資産税の物的非課税のリストは以下のとおりです。

① 　国、都道府県、市町村、特別区、これらの組合及び財産区が公用又は公共の用に供する固定資産

② 　皇室経済法第7条に規定する、皇位と共に伝わるべき由緒あるものである固定資産

③ 　水資源機構、土地改良区、土地改良区連合及び土地開発公社が直接その本来の事業の用に供する固定資産

④ 　東京地下鉄が直接地下高速度交通事業の用に供するトンネル（ただし平成18年4月1日以降に建設されたものは課税）

⑤ 　鉄道事業者又は軌道経営者が、千葉市の区域、東京都特別区の区域、川崎市の区域、横浜市の区域、名古屋市の区域、京都市の区域、大阪市の区域、神戸市の区域及び広島市の区域並びにこれらの近郊の一定の区域又は新東京国際空港及び新千歳空港並びにその周辺の一定の区域において直接鉄道事業又は軌道経営の用に供するトンネル

⑥ 　公共の危害防止のために設置された鉄道事業又は軌道経営の用に供する踏切道及び踏切保安施設

⑦ 　既設の鉄道もしくは既設の軌道と道路とを立体交差させるために新たに建設された立体交差化施設で一定のもの、公共用飛行場の滑走路の延長に伴い新たに建設された立体交差化施設又は道路の改築に伴い改良された既設の立体交差化施設のうち線路設備、電路設備又は停車場設備

⑧ 　鉄道事業者又は軌道経営者が、市街化区域内において鉄道事業又は軌道経営の用に供する地下道又は跨線道路橋で公衆が利用するもの

⑨ 　宗教法人が専らその本来の用に供する境内建物及び境内地

⑩ 　墓地

⑪ 　公共の用に供する道路、運河用地及び水道用地

43

⑫　公共の用に供する悪水路、ため池、堤とう及び井溝

⑬　一定の保安林に係る土地

⑭　国立公園又は国定公園の特別地域のうち、特別保護地区その他第一種特別地域内の池沼、山林又は原野

⑮　国宝、重要文化財、重要有形民俗文化財、特別史蹟、史蹟、特別名勝、特別天然記念物もしくは天然記念物として指定され、もしくは旧重要美術品等の保存に関する法律第2条第1項の規定により認定された家屋又はその敷地

⑯　文化財保護法第144条第1項に規定する重要伝統的建造物群保存地区内の家屋で一定のもの

⑰　学校法人又は私立学校法第64条第4項の法人（学校法人等）が設置する学校において直接保育又は教育の用に供する固定資産

⑱　学校法人等が設置する寄宿舎で学校教育法第1条の学校又は同法第82条の2の専修学校に係るものにおいて直接その用に供する固定資産

⑲　公益社団法人、公益財団法人、宗教法人又は社会福祉法人が設置する幼稚園において直接その用に供する固定資産

⑳　公益社団法人又は公益財団法人が設置する図書館において直接その用に供する固定資産

㉑　公益社団法人、公益財団法人又は宗教法人が設置する博物館において直接その用に供する固定資産

㉒　医療法第31条の公的医療機関（自治体病院や日本赤十字社など）の開設者、医療法第42条の2第1項に規定する社会医療法人及び特定医療法人（措置法第67条の2第1項の承認を受けているもの）、公益社団法人及び公益財団法人、一般社団法人及び一般財団法人（非営利型法人に限る）、社会福祉法人、労働者健康福祉機構、健康保険組合及び健康保険組合連合会並びに国家公務員共済組合及び国家公務員共済組合連合会が設置する看護師、准看護師、歯科衛生士、歯科技工士、助産師、

臨床検査技師、理学療法士及び作業療法士の養成所において直接教育の用に供する固定資産

㉓　社会福祉法人（日本赤十字社を含む、以下㉙まで同じ）が生活保護法に規定する保護施設の用に供する固定資産で一定のもの

㉔　社会福祉法人その他児童福祉法に規定する小規模保育事業の認可を得た者が児童福祉法に規定する小規模保育事業の用に供する固定資産

㉕　社会福祉法人、公益社団法人又は公益財団法人等一定の者が児童福祉法に規定する児童福祉施設の用に供する固定資産

㉖　学校法人、社会福祉法人その他就学前の子供に関する教育、保育等の総合的な提供の推進に関する法律第３条第１項もしくは第３項の認定又は同法第17条第１項の設置の認定を受けた者が同法に規定する認定こども園の用に供する固定資産

㉗　社会福祉法人、公益社団法人又は公益財団法人等一定の者が老人福祉法に規定する老人福祉施設の用に供する固定資産

㉘　社会福祉法人が障害者の日常生活及び社会生活を総合的に支援するための法律に規定する障害者支援施設の用に供する固定資産

㉙　㉓から㉘までに掲げる固定資産のほか、社会福祉法人、公益社団法人又は公益財団法人等一定の者が社会福祉法に規定する社会福祉事業の用に供する固定資産で一定のもの

㉚　更生保護法人が更生保護事業法に規定する更生保護事業の用に供する固定資産で一定のもの

㉛　介護保険法の規定により市町村から委託を受けた者が同法に規定する包括的支援事業の用に供する固定資産

㉜　児童福祉法の規定により市町村の認可を得た者が同法に規定する事業所内保育事業（利用定員６人以上のものに限る）の用に供する固定資産

㉝　㉒から㉙に掲げる固定資産のほか、日本赤十字社が直接その本来の

事業の用に供する固定資産で一定のもの

㉞　農業協同組合法、消費生活協同組合法及び水産業協同組合法による
組合及び連合会並びに農林漁業団体職員共済組合が保有し、かつ、経
営する病院及び診療所において直接その用に供する固定資産で一定の
もの並びに農業共済組合及び農業共済組合連合会が所有し、かつ、経
営する家畜診療所において直接その用に供する固定資産

㉟　健康保険組合及び健康保険組合連合会、国民健康保険組合及び国民
健康保険団体連合会、国家公務員共済組合及び国家公務員共済組合連
合会並びに地方公務員共済組合（以下「健康保険組合等」という）が所
有し、かつ、経営する病院及び診療所において直接その用に供する固
定資産で一定のもの並びに健康保険組合等が所有し、かつ、経営する
一定の保険施設において直接その用に供する固定資産

㊱　医療法第42条の2第1項に規定する社会医療法人が直接救急医療等
確保事業に係る業務の用に供する固定資産で一定のもの

㊲　公益社団法人又は公益財団法人で学術の研究を目的とするものがそ
の目的のため直接その研究の用に供する固定資産で一定のもの

㊳　日本私立学校振興・共済事業団が日本私立学校振興・共済事業団法
に規定する業務の用に供する固定資産で一定のもの

㊴　都道府県農業会議及び全国農業会議所が直接その事業の用に供する
償却資産

㊵　商工会議所又は日本商工会議所が商工会議所法に規定する事業の用
に供する固定資産及び商工会又は都道府県商工会連合会もしくは全国
商工会連合会が商工会法に規定する事業の用に供する固定資産で一定
のもの

㊶　漁業協同組合、漁業生産組合及び漁業協同組合連合会が所有し、か
つ、一定の漁船用燃料の貯蔵施設の用に供する固定資産で一定のもの

㊷　公益社団法人又は公益財団法人で学生又は生徒の修学を援助するこ

とを目的とするものがその目的のため設置する寄宿舎で一定のもの

㊸　日本下水道事業団が日本下水道事業団法に規定する業務の用に供する固定資産で一定のもの

㊹　都市再生機構が一定の工事に係る施設の用に供されるものとして取得した土地

㊺　鉄道建設・運輸施設整備支援機構が日本国有鉄道清算事業団の債務等に関する法律第13条第1項第2号及び第3号の業務の用に供するため所有する固定資産並びに同法第25条の規定により貸し付けている固定資産で一定のもの

㊻　旅客会社等が所有する専ら皇室の用に供する車両

㊼　日本司法支援センターが総合法律支援法に規定する業務の用に供する固定資産で一定のもの

㊽　以下の掲げる独立行政法人及び国立研究開発法人が一定の業務の用に供する固定資産で一定のもの

　　ア．（独）国立重度知的障害者総合施設のぞみの園

　　イ．（独）自動車事故対策機構

　　ウ．（独）労働者健康福祉機構

　　エ．（独）日本芸術文化振興会

　　オ．（独）日本スポーツ振興センター

　　カ．（独）高齢・障害・求職者雇用支援機構

　　キ．（独）中小企業基盤整備機構

　　ク．（独）国際協力機構

　　ケ．（独）国民生活センター

　　コ．（独）水産総合センター

　　サ．（独）宇宙航空研究開発機構

　　シ．（独）情報通信研究機構

　　ス．（独）日本学生支援機構

セ．（国研）農業・食品産業技術総合研究機構

ソ．（国研）医薬基盤・健康・栄養研究所

タ．（国研）森林総合研究所

㊾ 森林組合法、農業協同組合法、農業災害補償法、消費生活協同組合法、水産業協同組合法、漁業災害補償法、輸出入取引法、中小企業等協同組合法、中小企業団体の組織に関する法律、酒税の保全及び酒類業組合等に関する法律、商店街振興組合法及び生活衛生関係営業の運営の適正化及び振興に関する法律による組合（信用協同組合及び企業組合を除き、生活衛生同業小組合を含む）、連合会（信用協同組合連合会を除く）及び中央会が所有し、かつ、使用する事務所及び倉庫

㊿ 全国健康保険協会、健康保険組合及び健康保険組合連合会、国民健康保険組合及び国民健康保険団体連合会、国家公務員共済組合及び国家公務員共済組合連合会、地方公務員共済組合、全国市町村職員共済組合連合会、地方公務員共済組合連合会及び地方議会議員共済会、厚生年金基金及び企業年金連合会、企業年金基金、国民年金基金及び国民年金基金連合会、法人である労働組合、職員団体等に対する法人格の付与に関する法律による法人である職員団体等、漁船保険組合、漁船保険中央会、たばこ耕作組合、輸出水産業組合並びに土地改良事業団体連合会が所有し、かつ、使用する事務所及び倉庫

(51) 旅客会社等が鉄道建設・運輸施設整備支援法の規定に基づき借り受ける固定資産のうち東京都の特別区の存する区域並びに稲城市の区域、府中市の区域、国分寺市の区域、小平市の区域、東村山市の区域、所沢市の区域、さいたま市の区域、川崎市の区域、横浜市の区域及び松戸市の区域において直接鉄道事業の用に供するトンネル

(52) 非課税独立行政法人[注24]が所有する固定資産（当該固定資産を所有す

注24 国立印刷局のように、独立行政法人のうちその資本金の額もしくは出資金の額の全部が国により出資されることが法律において定められているもの等で総務大臣が指定したものを

る非課税独立行政法人以外の者が使用しているものその他一定のものを除く)、国立大学法人等が所有する固定資産（当該固定資産を所有する国立大学法人等以外の者が使用しているものその他一定のものを除く）及び日本年金機構が所有する固定資産（日本年金機構以外の者が使用しているものを除く）

(53)　海技教育機構が公益社団法人又は公益財団法人から無償で直接その本来の業務の用に供する土地で一定のもの

(54)　地方独立行政法人（公立大学法人を除く）が所有する固定資産（当該固定資産を所有する地方独立行政法人以外の者が使用しているものその他一定のものを除く）及び公立大学法人が所有する固定資産（当該固定資産を所有する公立大学法人以外の者が使用しているものを除く）

(55)　外国の政府が所有する以下のア～ウに掲げる施設の用に供する固定資産（ただしウに係る施設の用に供する固定資産については、外国が固定資産税に相当する税を当該外国において日本国のウに係る施設の用に供する固定資産に対して課する場合には、ウに係る施設の用に供する固定資産は非課税とならない）

ア．大使館、公使館又は領事館

イ．専ら大使館、公使館もしくは領事館の長又は大使館もしくは公使館の職員の居住の用に供する施設

ウ．専ら領事館の職員の居住の用に供する施設

(56)　東日本高速道路株式会社、首都高速道路株式会社、中日本高速道路株式会社、西日本高速道路株式会社、阪神高速道路株式会社もしくは本州四国連絡高速道路株式会社が、高速道路株式会社法第５条第１項第１号、第２号もしくは第４号に規定する事業（本州四国連絡高速道路株式会社にあっては、同項第１号、第２号、第４号又は第５号ロに規定

いう（地法25①)。具体的な法人名は、平成13年３月21日付総務省告示第145号に列挙されている。

する事業）の用に供する固定資産で一定のもの又は日本高速道路保有・債務返済機構が、日本高速道路保有・債務返済機構法第12条第１項第１号もしくは第８号に規定する業務の用に供する固定資産で一定のもの（平成18年度から平成27年度までの各年度分の固定資産税に限る）

(57)　鉄道建設・運輸施設整備支援機構が一定の区域において都市計画都市鉄道等利便増進法に規定する都市鉄道利便増進事業により整備し、かつ、直接鉄道事業又は軌道経営の用に供するトンネル（平成29年３月31日までに整備されたものに限る）

土地および家屋の固定資産税

2-1

固定資産税の課税対象となる「土地」とはどのようなものを指しますか？

最近マンションをローンで購入しましたが、取得時に課される不動産取得税とは別に、毎年固定資産税という税金が課されることを知りました。マンションのように、土地そのものを購入したとはいえないケースでも固定資産税が課されるのはなぜでしょうか、教えてください。

固定資産税の課税客体となる土地には宅地が含まれますが、当該宅地には、マンションの敷地のように所有権等の私権の目的となり得る土地も含まれます。

＜解説＞

1　固定資産税における土地の意義

　固定資産税の課税対象となる課税客体は、土地、家屋および償却資産の三類型の固定資産です（地法341一）。そのうちの「土地」について、地方税法では以下のものを挙げています（地法341二）。

① 田・畑
② 宅地
③ 塩田
④ 鉱泉地

52

第2章　土地および家屋の固定資産税

⑤　池沼

⑥　山林

⑦　牧場

⑧　原野その他の土地

　上記は土地の種類を列挙したものに過ぎず、その意義については一般に、不動産登記法にいう意義、すなわち所有権等の私権（私法上の権利）の目的となり得る土地（不動産登記法3）と同義に解するとされています。

　なお、土地に定着する立木（マンションの植栽など）や畑で育っている野菜、埋蔵鉱物等はどうなるのかということですが、固定資産税の課税目的では、このような立木等は土地には含まれません。したがって、固定資産税における土地の評価にあっては、立木等の価格（市場価格が小さくないケースもあります）は土地の価格には含まれないこととなります。

2　マンションの敷地

　建売住宅の購入、ないし、土地の上に建物を建築するケースのいずれであっても、一戸建てを購入する場合には、土地と家屋をそれぞれ購入し、所有する（所有権の場合）ということを明確に意識することができます。

　それに対して、マンションにおいては、自らが住むこととなる建物部分を購入したということは明確に意識できても、土地部分を購入したということを意識しない方がいるかもしれません。しかし、マンションは一般に土地及び建物（専有部分）で構成され、マンションを購入すれば、土地（敷地権[注25]ないし敷地利用権）及び建物（専有部分）を一括で購入したことになります。しかもマンションの場合、土地の所有権は敷地利用権で示されていますが、当該敷地利用権は単独では処分（売却など）できず、原則として建物（専有部分）と一体で処分しなければならない取扱いとなっていま

注25　不動産登記法上、敷地利用権のうち登記された権利で専有部分と一体化されたものをいう（不動産登記法44①九）。

53

す（建物区分所有法22①）。

　このようなマンションの特徴は、マンションの登記簿を見ればわかります。特に、昭和58年の建物区分所有法（建物の区分所有等に関する法律）の改正により、それまで別々に登記されていたマンションの土地及び建物の登記簿が、次頁のように一体になりましたので、そのことがより明確に分かるかと思います。

第2章　土地および家屋の固定資産税

○マンションの登記事項証明書（例）

専有部分の家屋番号	2-3-101〜2-3-113　　2-3-201〜2-3-214　　2-3-301〜2-3-314　　2-3-401〜2-3-414 2-3-501〜2-3-514　　2-3-601〜2-3-614　　2-3-701〜2-3-814　　2-3-901〜2-3-914 2-3-1001〜2-3-1012

表　題　部　（一棟の建物の表示）	調製	余　白		所在図番号	余　白

所　　　在	○○市△△町2番地3		余　白

建物の名称	グレードハウス　2号館		余　白

①　構　　　造	②　床　面　積　㎡	原因及びその日付〔登記の日付〕
鉄筋コンクリート造陸屋根10階建	1階　　919：35 2階　　910：69 3階　　927：34 4階　　927：34 5階　　927：34 6階　　927：34 7階　　927：34 8階　　927：34 9階　　867：57 10階　　806：10	〔平成7年3月16日〕

表　題　部　（敷地権の目的である土地の表示）				
①土地の符号	②　所　在　及　び　地　番	③地　目	④地　積　㎡	登　記　の　日　付
1	○○市△△町2番3	宅地	4585：60	平成7年3月16日

表　題　部　（専有部分の建物の表示）			不動産番号	123・・・・・・・

家屋番号	△△町2番3の201		余　白

建物の名称	201		余　白

①　種　類	②　　構　　造	③　床　面　積　㎡	原因及びその日付〔登記の日付〕
居宅	鉄筋コンクリート造1階建	2階部分　76：53	平成7年3月16日新築 〔平成7年3月20日〕

表　題　部　（敷　地　権　の　表　示）			
①土地の符号	②敷地権の種類	③　敷　地　権　の　割　合	原因及びその日付〔登記の日付〕
1	所有権	1924216分の15932	平成7年2月24日敷地権 平成7年3月16日

所　有　者	○○市△△町50番地1　　株式会社　鈴木不動産

55

Q 2-2

固定資産税の課税対象となる「家屋」とはどのようなものを指しますか？

固定資産税の課税対象となる「家屋」は「建物」とは異なるものなのでしょうか。また、「償却資産」と「家屋」との違いはどこにあるのでしょうか、教えてください。

固定資産税の課税客体となる「家屋」は、基本的に「建物」と同義であると考えられますが、「家屋」と「償却資産」との区別は個別に判定すべきケースが少なからず見られます。

＜解説＞

1 固定資産税における家屋の意義

　固定資産税の課税客体となる「家屋」は、住家、店舗、工場（発電所及び変電所を含む）、倉庫その他の「建物」をいいます（地法341三）。また、固定資産税における「家屋」の意義は、一般に、不動産登記法の「建物」の意義と同じであると解されています（取扱通知（市）第3章第1節第1の2参照）。

　したがって、固定資産税の課税客体となる「家屋」は、基本的に「建物」と同義であると考えられます。

第2章　土地および家屋の固定資産税

2　家屋と償却資産の区分

　ある建造物が家屋であるか償却資産であるかは、それが一戸建て、マンション、オフィスビル、工場建屋などであれば問題なく家屋であると判定できるものと思われますが、屋根付きサッカー競技場の観客席、商店街のアーケード、地下駐車場のように、家屋なのか構築物の一部（償却資産）なのか判断に迷うものも少なくないところです。

　この場合の判断基準としては、一般に、以下で示されるような不動産登記法の例示に従うものとされています（不動産登記事務取扱手続準則第77条（1）（2））。

建物（家屋）として取り扱うもの	建物（家屋）として取り扱われないもの
①　停車場の乗降場又は荷物積降場（上屋を有する部分に限る）	①　ガスタンク、石油タンク又は給水タンク
②　野球場又は競馬場の観覧席（屋根を有する部分に限る）	②　機械の上に建設した建造物（地上に基脚を有し、又は支柱を施したものを除く）
③　ガード下を利用して築造した店舗、倉庫等の建造物	③　浮船を利用したもの（固定しているものを除く）
④　地下停車場、地下駐車場又は地下の建造物	④　アーケード付街路（公衆用道路上に屋根覆を施した部分）
⑤　園芸又は農耕用の温床施設（半永久的な建造物と認められるものに限る）	⑤　容易に運搬することができる切符売場又は入場券売場等

3　建築設備の取扱い

　家屋で使用されている設備機器の中には、エネファーム（東京ガス等のガス会社が出している電気とお湯とを同時につくり出す家庭用のエネルギー機器）やエコキュート（オール電化住宅で使用されるヒートポンプ給湯器）といった、家屋と構造上一体となって使用される設備（建築設備）があります。

57

○エネファームの概念図

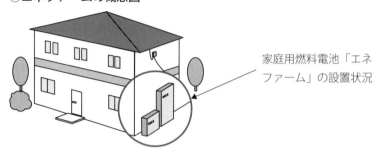

家庭用燃料電池「エネファーム」の設置状況

　このような建築設備については、固定資産評価基準によれば、家屋の所有者が所有する以下の建築設備について、それが家屋に取り付けられ、家屋と構造上一体となって家屋自体の効用（利便性）を高める場合には、家屋に含めて評価するものとされていますが（固定資産評価基準第2章第1節七）、このような建築設備は、固定資産税の課税客体となる「家屋」に含まれます。

①　電気設備
②　ガス設備
③　給水設備
④　排水設備
⑤　衛生設備
⑥　冷暖房設備
⑦　空調設備
⑧　防災設備
⑨　運搬設備
⑩　清掃設備　等

　なお、病院における非常用自家発電設備のように、業務の用に供されるものについては、上記の家屋に含めて評価する建築設備には該当せず、「償却資産」となります。

第2章　土地および家屋の固定資産税

2–3
固定資産税の課税対象となる土地および家屋の価格はどのようにして知ることができるのでしょうか？

このたびマンションを購入したので、今後固定資産税の納税を行う必要があると思われます。固定資産税の課税対象となるマンションの敷地および建物の価格はどのようにして知ることができるのでしょうか、教えてください。

固定資産税の課税対象となる固定資産については、固定資産課税台帳に価格等が登録されていますが、一般には、市町村から送られてくる納税通知書により課税標準額等を知ることができます。

＜解説＞

1　固定資産の価格の登録

　固定資産税の課税標準は固定資産の価格ですが、その価格は固定資産課税台帳に登録されています（地法381）。また、市町村は固定資産の価格を明らかにするため、固定資産課税台帳を備えることが求められています（地法380①）。

2　固定資産課税台帳の種類

　固定資産課税台帳とは、以下の5種類の台帳を総称したものです（地法

341九)。

① 土地課税台帳
② 土地補充課税台帳 } 土地に係る台帳

③ 家屋課税台帳
④ 家屋補充課税台帳 } 家屋に係る台帳

⑤ 償却資産課税台帳 ◀── 償却資産に係る台帳

3 固定資産課税台帳と固定資産の価格

固定資産課税台帳には様々な登録事項がありますが、台帳別の価格に関する登録事項は以下のとおりです（地法381①〜⑤）。

① 土地課税台帳
② 土地補充課税台帳 } 基準年度の価格又は比準価格

③ 家屋課税台帳
④ 家屋補充課税台帳 } 基準年度の価格又は比準価格

⑤ 償却資産課税台帳 ◀── 価格

土地および家屋については、基準年度の価格又は比準価格が登録事項となっていますが、これは、土地および家屋についてはその評価が3年に一度行われており、評価替えを行った年度（基準年度）の価格を3年間にわたり据え置くのが原則であるということによるものです（地法349①〜③）。

また、比準価格とは、その土地又は家屋に類似する土地又は家屋の基準年度に比準する価格をいい、基準年度の価格を原則通りその翌年及び翌々年にも使用すると不適当と考えられるケースにおいて用いられる価格です（地法349②③）。

なお、償却資産の価格は「適正な時価」ですが（地法341五）、原則として減価償却という手続きにより求められる帳簿価格を当該「価格」としており、土地や家屋のように3年間据え置くというのは実態に合わないため、毎年見直されています（地法349の2）。

60

第2章　土地および家屋の固定資産税

4　納税通知書による価格の把握

固定資産課税台帳に登録された固定資産の価格は、各市町村に出向いて、以下のような「固定資産課税台帳登録事項証明書」の交付を受けることで確認することができます。

○固定資産課税台帳登録事項証明書の例

固定資産課税台帳登録事項等証明書							
全部事項証明					平成22年1月1日 現在　　1/1		
所有者氏名（名称） デザイン住宅株式会社			所有者住所 富士市蓼原町1699				
資産の種類	所在地名	地　目	地積又は床面積	評価額	課税標準額		
		登記　課税	登記　課税		固定資産税　都市計画税		
	地　番 家屋種類		家屋番号	備考	参考税額		
土地	●町 123-4	宅地　宅地	123.45㎡　123.45㎡	9,876,543円	6,543,210円　6,543,210 123,456		
			㎡　　㎡ 以下余白	円	円		
			㎡　　㎡	円	円		
			㎡　　㎡	円	円		
上記のとおり相違ないことを証明します。							印
市民課	平成22年●月●日			●●市長　□□　□□			

ただし、手数料（一件当たり200円程度）を支払ってまで「固定資産課税台帳登録事項証明書」の交付を受けるケースは限られているものと考えられます。特に土地及び家屋の場合、一般的には、毎年送付される「固定資産税（都市計画税）納税通知書」中の「課税明細書」に記載された課税標準額等により価格を知ることができます（次頁参照）。

○固定資産税（都市計画税）納税通知書中の「課税明細書」の例

平成27年度 課税明細書

所有者氏名						横浜　太郎　様分
①資産		②	所　在　・　地　番		③　負担水準又は家屋番号	④軽減相当税額（円）上2桁は軽減事由
⑤ 現況地目等 又は種類・構造	⑥ 課税地積 床面積（㎡）	⑧ 前年度固定資産税 （比準）課税標準額（円）	⑩ 固　定　資　産　税 本則課税標準額（円）	⑫ 固　定　資　産　税 課税標準額（円）		⑭固定資産税相当額（円）
⑦ 価　格　（円） （評　価　額）		⑨ 前年度都市計画税 （比準）課税標準額（円）	⑪ 都　市　計　画　税 本則課税標準額（円）	⑬ 都　市　計　画　税 課　税　標　準　額（円）		⑮都市計画税相当額（円）
土地	港町1-1	（区分番号　502）				
共用土地	1250.50	27430298	25173734	1097211		15360
	151042404	54550021	50347468	2182000		6546
家屋	港町1-1	502		1-1-22		
居宅　RC	66.75			7408916		103724
	7408916			7408916		22226

第2章　土地および家屋の固定資産税

土地の評価はどのように行うのでしょうか？

母親は貸しビルを数棟保有していましたが、先日亡くなり、そのうちの1棟を私が相続しました。ビルを相続する時に課された相続税の場合、敷地部分について税理士は路線価で評価していましたが、今後かかってくるであろう固定資産税についても、土地は路線価で評価するのでしょうか、教えてください。

路線価は相続税の課税目的で国税庁から公表されている価格であり、固定資産税に関しては、その目的のために市町村から公表されている固定資産税評価額により評価することとなります。

＜解説＞

1　固定資産税の評価

　固定資産税の課税客体である固定資産の評価は、原則として、固定資産評価員によって行われ、その価格の決定は、市町村長によって行われます。

　ただし、船舶、車両、鉄道、発電又は電気通信等で総務大臣が指定するもの、及び、大規模償却資産で都道府県知事が指定するものは、総務大臣又は都道府県知事が評価します（地法389①）。

　固定資産のうち、土地および家屋の評価及び価格決定の手順は概ね以下のとおりとなります。

○土地および家屋の固定資産税評価及び価格決定の手順

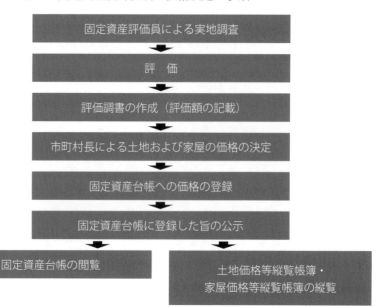

2 固定資産評価員による調査

　市町村長は、固定資産評価員又は固定資産評価補助員[注26]にその市町村所在の固定資産（土地および家屋）の状況を、毎年少なくとも1回、実地調査させることとされています（地法408）。

　上記の「固定資産評価員」とは、固定資産の評価に関する知識及び経験を有する者のうち、市町村長が議会の同意を得て選任される専門職で（地法404②）、市町村長の指揮を受け、固定資産税を適正に評価し、かつ、市町村長が行う価格の決定を補助するために設置される特別職地方公務員です（地法404①、地方公務員法3③）。ただし実際には、多くの自治体において、税務担当課長が兼務しているようです（地法404④）。

注26　固定資産評価員の職務を補助する者である（地法405）。

第2章　土地および家屋の固定資産税

3　固定資産評価基準

　固定資産の評価は、基本的に「固定資産評価基準」に定める方法及び手続により行われます。固定資産評価基準は総務大臣によって定められ、告示される基準で（地法388①）、市町村の固定資産評価員は当該基準により評価を行い、市町村長はその評価に基づいて固定資産の価格を決定します（地法403①）。したがって、判例上、固定資産評価基準は法的拘束力があるものと解されています（最高裁昭和61年12月11日判決・判時1225号58頁）。

　固定資産の評価基準として「固定資産評価基準」が定められ、それに基づき評価をするのは、判例上、全国一律の統一的な評価基準による評価によって、各市町村全体の評価の均衡を図り、評価者の個人差による評価の不均衡を解消するためとされています（最高裁平成15年6月26日判決・判時1830号29頁）。

　なお、固定資産税と不動産取得税とは、土地及び家屋について、同一の課税客体を同一の基準、すなわち固定資産評価基準によって評価することとなります。

4　固定資産税評価額

　固定資産評価基準によれば、土地の評価は、売買実例価額を基準として評価する方法によるものとされています（固定資産評価基準第1章第3節二（一）1（2））。その意味するところは、現実の売買実例価額から特殊な要件に基づく要因を除去し、概ね正常と認められるものを基準として評価を行うという趣旨であると考えられます。

　固定資産税においては、土地に関して、こうして求められる「固定資産税評価額」により評価することとなり、相続税・贈与税の評価目的で国税庁から公表されている「路線価」を使用することはありません。

65

2-5

宅地の評価はどのように行うのでしょうか？

固定資産税に関し、土地の評価方法の概要についてはQ2-4で理解しましたが、土地の中でも宅地の評価方法についてはどうでしょうか、教えてください。

宅地の評価については、一般に、売買実例価額に基づき標準宅地の価格を求め、それを参照して各筆の宅地の評価を行う「標準地比準方式」が採用されています。

＜解説＞

1　宅地の評価

　固定資産税における宅地の評価は、一般に、売買実例価額に基づき標準宅地の価格を求め、それを参照して各筆の宅地の評価を行う「標準地比準方式」が採用されています。

　ここでいう「標準宅地」とは、商業、住宅、工業、観光（温泉街、門前仲見世、名勝地区など）といった宅地ごとの用途区分を行ったうえで、その各用途地区について、状況が相当に相違する地域ごとに選定された標準的な宅地をいいます。

　このような標準宅地の適正な時価を求める場合には、平成6年度の評価替えから、地価公示価格及び不動産鑑定士等による鑑定評価から求められ

第2章　土地および家屋の固定資産税

た価格等を活用することとし、これらの価格の７割を目途として評定する
ものとされています（固定資産評価基準第１章第12節一）。

2　市街地的形態を形成している地域における宅地の評価

　固定資産税の課税客体である固定資産の評価方法を定めた「固定資産評
価基準」においては、宅地の評価方法として「市街地宅地評価法」と「そ
の他の宅地評価法」の２種類の方法が定められています（固定資産評価基
準第１章第３節二）。

　このうちの「市街地宅地評価法」とは、主として市街地的形態を形成し
ている地域における宅地の評価に用いられる方法です。市街地宅地評価法
に基づく宅地の評価手順は、概ね以下のとおりとなります（固定資産評価
基準第１章第３節二（一））。

①　宅地を商業地区、住宅地区、工業地区、観光地区等といった用途地
　　区に区分する。

②　上記用途地区について、状況が相当に相違する地域ごとに標準宅地
　　を選定する。

③　上記標準宅地について、地価公示価格や不動産鑑定士等による鑑定
　　評価から求められた価格等を基準に、その７割を目途に適正な時価を
　　求める。次に、当該時価に基づいて、標準宅地の沿接する主要な街路
　　について路線価を付設する。

④　上記路線価を基礎として、画地計算法を適用して、各筆の宅地の評
　　点数を付設する。

　なお、上記④の「画地計算法」とは、宅地の奥行、間口、形状、街路と
の状況等をその評価に具体的に反映させるために行う補正方法をいい、固
定資産評価基準別表第３に定められています。基本的に、相続税における
財産評価基本通達に定められた画地補正（同通達付表１～８）とほぼ同じ
ものであると考えられます。

67

3 市街地的形態を形成するに至らない地域における宅地の評価

　宅地の評価方法のうちの「その他の宅地評価法」とは、主として市街地的形態を形成するに至らない地域における宅地の評価に用いられる方法です。その他の宅地評価法に基づく宅地の評価手順は、概ね以下のとおりとなります（固定資産評価基準第1章第3節二（二））。

① 　宅地の沿接する道路の状況、公共施設等の接近の状況、家屋の疎密度その他宅地の利便性等を総合的に考慮し、概ねその状況が類似している地区（状況類似地区）ごとに区分する。

② 　上記状況類似地区ごとに標準宅地を選定する。

③ 　上記標準宅地について、地価公示価格や不動産鑑定士等による鑑定評価から求められた価格等を基準に、その7割を目途に適正な時価を求める。次に、当該時価に基づいて評点数を付設する。

④ 　標準宅地の評点数に比準して、状況類似地区内の各筆の宅地の評点数を付設する。

第2章　土地および家屋の固定資産税

2-6

土地は地価公示価格の7割で評価されているのでしょうか？

相続税の財産評価の場合、土地はいわゆる公示地価の8割評価とされていると思いますが、固定資産税の場合、土地はいわゆる公示地価の何割で評価とされているのでしょうか、教えてください。

固定資産税の場合、土地は地価公示価格及び不動産鑑定士等による鑑定評価の7割で評価とするものとされています。

＜解説＞

1　公的評価の概要

　土地については、俗に「一物五価」と言われることがあります。これは公的評価が四種類ある上、それに実勢価格も加えると計5種類の価格があることを意味するものです。公的評価による「地価」とは以下の4つを指します。

　①　公示地価
　　地価公示法に基づいて、国土交通省が毎年1月1日現在の標準地の正常地価として公表するものをいいます。
　②　基準地価
　　都道府県知事が国土利用計画法施行令に基づき調査して公表する標準

69

の地価をいい、都道府県地価調査ともいいます。

　基準地価は、①の公示地価と重なる部分が多いのですが、相違点としては、公示地価が都市計画区域内の土地に限定しているのに対し、基準地価は都市計画区域外の土地も調査対象地として含んでおり、公示地価よりも広い範囲が対象になっているという点が挙げられます。

　とはいえ、趣旨や目的の大部分が重なるため、縦割り行政の無駄を省く意味でも、①・②のいずれか一本に統合するのが理に適っているものと考えられます。

③　路線価（相続税・贈与税）

　国税庁が毎年7月頃に公表する地価であり、相続税や贈与税を算定する際の基準となるものです。

④　固定資産税評価額

　各市町村が固定資産税課税の際の基準として定めるものが固定資産税評価額です。

これらの地価を比較すると次頁の表のようになります。

第2章　土地および家屋の固定資産税

○公的評価による地価の比較

	公示地価	基準地価	路線価	固定資産税評価額
根拠法	地価公示法	国土利用計画法施行令9条	相続税法	地方税法
目的	・一般の土地取引の指標 ・鑑定士の鑑定評価の規準 ・公共用地の取引価格算定の基準	・国土利用計画法による価格審査の基準 ・国土利用計画法に基づく土地の買取価格算定の基準	・相続税及び贈与税の課税目的	・固定資産税(土地)の課税目的
評価機関	国土交通省土地鑑定委員会	都道府県知事	国税局長	市町村長
価格時点	毎年1月1日	毎年7月1日	毎年1月1日	1月1日(3年毎)
標準地数	23,380地点(平成27年)	21,740地点(平成26年)	約28,000地点(平成24年)	約44万地点(平成24年)

2　7割評価

　従来、固定資産税に関する土地の評価には不動産鑑定士による評価は活用されていませんでしたが、バブル期の地価高騰により、公示地価と固定資産税評価額との間に大きな乖離が生じてきました。そこで、平成6年度の評価替えから、評価の一元化を行い、公的評価の均衡と信頼性の向上を図るために、鑑定評価が活用されるようになりました。

　平成6年度の評価替えでは、同時に、前問でも説明したとおり、土地の固定資産税評価額は公示地価の7割を目途に評価することとされました（固定資産評価基準第1章第12節一）。

71

なお、相続税に関する土地の評価基準となる路線価は、地価公示価格水準の8割程度とされています（平成4年度税制改正の要綱等[注27]）。

3　7割評価の根拠

　土地の固定資産税評価額を公示地価の7割を目途に評価することとされるようになった根拠としては、資産評価システム研究センターの調査報告書（平成3年11月土地評価に関する調査研究）の記述が参考になります。当該報告書によれば、以下の三点から7割評価の合理性が実証的に認められるとされています。

①　地価公示価格の一定割合を控除して固定資産税評価額とすることに合理性が認められるとともに、統計上、地価公示価格に対する収益価格の割合が平均的には概ね7割程度の水準である。

②　土地、家屋及び償却資産間の評価の均衡は、固定資産評価制度調査会答申が謳うところであるが、家屋については再建築価額の取得価額に対する割合が木造家屋で6割程度、非木造家屋で7割程度となっており、土地の評価水準を地価公示価格の6割から7割程度とすることは妥当なものと考えられる。

③　昭和50年代初頭から中ごろにかけての地価安定期において、固定資産税における土地評価の地価公示価格に対する割合を見てみると、概ね7割程度の水準であったことから、土地の評価水準を地価公示価格の7割程度とすることは妥当なものと考えられる。

注27　大蔵省編『平成4年度改正税法のすべて』235頁参照。

第2章　土地および家屋の固定資産税

 2-7

固定資産税に関する土地の路線価とは何でしょうか？

最近市から送られていた固定資産税の納税通知書を見てみると、固定資産税には路線価というものが存在するようです。相続税の路線価というのは聞いたことがありますが、固定資産税の路線価とはどういうものなのでしょうか、教えてください。

固定資産税の路線価とは、街路に沿接する標準的な土地の単位地積（1㎡）当たりの価格を表示したもので、原則として3年間据え置かれます。

＜解説＞

1　固定資産税の路線価

　固定資産税の路線価とは、市街地宅地評価法（Q2-5参照）において、街路に沿接する標準的な土地の単位地積（1㎡）当たりの価格を千円単位で表示したものです。「その他の宅地評価法」の場合には、路線価ではなく各筆の宅地に評点数が付設されています。

2　路線価図の閲覧方法

　固定資産税の路線価図は、東京23区や大阪市などではインターネットで公開されており、（一財）資産評価システム研究センターのホームページの「全国地価マップ」から日本全国の路線価図を検索することができます。

73

また、各市町村の資産税課等で閲覧することもできます。
　固定資産税の路線価図の例は以下のとおりです。

○固定資産税の路線価図の例（東京都杉並区・平成27基準年度）

（注1）太字の矢印で示された路線が標準宅地に沿接する街路である。
（注2）杉並区の平成27年度修正率（修正率1）はいずれも1.000である。

第2章 土地および家屋の固定資産税

2-8

固定資産税の路線価と相続税の路線価とは同一なのでしょうか？

相続税の土地の評価においては、国税局から公表される路線価が重要な意味を持ちますが、固定資産税にも路線価というものが存在するようです。固定資産税の路線価とはどういうもので、相続税の際使用される路線価とは異なるものでしょうか、教えてください。

固定資産税の路線価は原則として3年間据え置かれますが、相続税の路線価は毎年評価替えがなされます。

＜解説＞

1 固定資産税と相続税の路線価の違い

Q2-7でみたとおり、固定資産税の路線価とは、街路に沿接する標準的な土地の単位地積（1㎡）当たりの価格を表示したものです。一方、相続税の路線価は、路線（道路）に面する標準的な宅地の1㎡当たりの価額（千円単位で表示）のことであり、路線価が定められている地域の土地等を評価する場合に用いられます。定義上は固定資産税の路線価と相続税の路線価とは非常に似ていますが、次頁の表のとおり、いくつかの点で異なります。

75

○固定資産税と相続税の路線価の違い

	固定資産税	相続税
評価のタイミング	原則として3年間据え置かれる	毎年評価替えがなされる
地価公示価格との関係	7割評価	8割評価
価格時点	基準年度の前年1月1日	毎年1月1日

　固定資産税の路線価は原則として3年間据え置かれますが、例えば、平成27基準年度の路線価は、価格調査基準日である平成26年1月1日時点の適正な時価を評定して付設されます。
　なお、前問で示した固定資産税の路線価図とほぼ同じ範囲の相続税の路線価図は、以下のとおりとなります。

○相続税の路線価図の例（東京都杉並区・平成27年分）

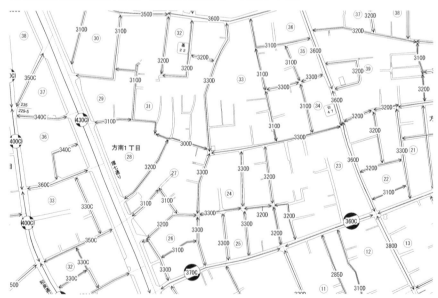

第2章　土地および家屋の固定資産税

2　固定資産税と相続税の路線価の関係

　前頁の図に関し、同一路線で固定資産税評価額と相続税評価額とを比較してみると、固定資産税評価額は概ね相続税評価額の8割程度となっています。固定資産税評価額と相続税評価額は地価公示価格のそれぞれ7割・8割評価であることを考えると、固定資産税評価額がやや低めになっているように見えますが、この時期において地価が上昇していることを勘案すると、毎年評価替えを行う路線価がやや高めに出ることはやむを得ないかもしれません。

2-9

価格の据置制度とは何でしょうか？

固定資産税の課税客体のうち、償却資産は毎年評価替えがなされますが、土地と家屋は 3 年間据え置かれるとのことです。これは一体どうしてなのでしょうか、教えてください。

固定資産税の課税客体のうち、土地と家屋については、主として評価事務に係るコストを考慮して 3 年間据え置かれているものと解されています。

＜解説＞

1　固定資産の評価替え

　固定資産税は、課税客体である固定資産の有する価値に着目して課税する税目ですから、一般にその課税標準は、毎年評価替えをしてその価値を適切に反映させるのが妥当と考えられます。

　しかし一方で、多くの課税客体を対象とする固定資産税については、評価事務にかかるコストは膨大です。特に、土地および家屋のように市町村側が評価を行う必要がある課税客体については、効率性や徴税コストの観点から、課税標準を一定の期間据え置くこととした方が合理的であるとも考えられます。

　そこで、固定資産税の課税客体のうち土地および家屋については、その課税標準である価格を 3 年間据え置くこととされています。すなわち、土

地および家屋に係る固定資産税の課税標準は、基準年度においては、その年度の賦課期日における価格で固定資産課税台帳に登録されたものとし、第2年度及び第3年度においては、原則として評価替えを行わず、その基準年度の固定資産税の課税標準となった価格で固定資産課税台帳に登録されたものとするのです（地法349①～③）。

ここでいう「基準年度」とは、直近では平成27年度をいい、第2年度は平成28年度、第3年度は平成29年度をいいます（地法341六～八）。

2　価格の据置制度の意義

価格の据置期間を3年間としているのは、一般に、物価の変動、固定資産の状況の変化といった事情を考慮すると、この期間が妥当であるためと解されています。効率性の観点から課税標準を一定の期間据え置くことが正当化されるとしても、それ以上長くすると実勢価格との開差が生じ、7割評価を維持することが困難になるばかりでなく、次の評価替えにおいて急激な価格変動を招くことにもなりかねないからです。

また、価格の据置制度は、土地および家屋に限定されています。これは、土地および家屋は市町村側が評価を行う必要があるのに対し、償却資産は基本的に納税義務者側が評価を行う必要があるという点が異なり、その評価は納税義務者の会計帳簿により比較的容易に行うことができるため、固定資産税の本来の姿である毎年評価を行うことに支障がないためと考えられます。

Q 2-10

家屋の評価はどのように行うのでしょうか？

土地の評価については、Q2-4の説明で概ねどういうものであるのか分かりました。それでは、家屋の評価はどのように行うのでしょうか、教えてください。

固定資産評価基準によれば、家屋の評価は、原則として再建築価格を基準として評価する方法が採用されています。

＜解説＞

1　家屋の評価方法

　家屋の評価は、原則として、木造家屋及び非木造家屋の区分に従い、再建築価格を基準として評価する方法が採用されています（再建築価格方式、固定資産評価基準第2章第1節）。

　ここでいう「再建築価格方式」とは、評価時点において家屋の新築に通常必要とされる建築費を求め、家屋の現状によって、経過年数、損耗の状況等に応じた減価を行って評価する方法をいいます（固定資産評価基準第2章第1節二）。

　再建築価格方式による家屋の評価は、概ね以下の算式のとおり行われます。

第2章　土地および家屋の固定資産税

○再建築価格方式による家屋の評価

家屋の評価額＝評点数＊×評点1点当たりの価額

　＊　再建築費評点数×損耗の状況による減点補正率(×需給事情による減点補正率)

　　　　　　　　経年減点補正率・損耗減点補正率

　なお、上記算式中の「需給事情による減点補正率」とは、建築様式が著しく旧式になっている家屋、所在地域の状況により建物の需給関係が変動し、その結果価額が減少すると認められる家屋について、その減少する価額の範囲において求められる補正率です。

2　再建築価格方式の妥当性

　固定資産税における家屋の評価方法として、「再建築価格方式」を採用する根拠としては、裁判例(名古屋地裁平成14年6月28日判決・TAINS Z999-8052)では、まず家屋の適正な時価について、「家屋についての適正な時価とは、家屋自体の有する客観的な交換価値をいうところ、家屋についての適正な時価の算定は、個別的、具体的に鑑定評価することも考えられなくはないが、全国に大量に存する建物について、一定の時間的制約の中で公平に価格の評価を行うことは、人的資源の限界等により困難であるから、法は、評価方法を自治大臣(筆者注：当時)の定める評価基準によらしめ、評点基準表によって算定される再建築価格をもって統一的に適正な時価とすることを原則とする一方、例外的な事例に対しては所要の補正等を行うことによって対応することを予定しているものと解される。」としています(下線部筆者)。

　また、「再建築価格方式」の妥当性について当該判決では、「法は、固定資産の評価については、評価基準によることを求めているところ、評価基準は、家屋についての適正な時価の算定につき、評価客体と同一のものを再建築し、これに要した費用に各種増減価を施してその評価額を決定する

81

方法、すなわち再建築価格方式を採用している。固定資産の評価額を決定する方法としては、この外に、家屋の建築費用や売買の際の価格を基準としたり、賃料等家屋の収益力を基準とする方法が考えられるが、これらは、価格決定の際の個別的な事情による偏差を受けやすく、評価上の困難が伴う（売買価格を基準とする方法についていえば、例えば、家屋の取引が一般的に宅地と共に行われている現状の下で、家屋部分のみを分離して評価することは困難であることが挙げられる。）など、評価の基準として看過できない難点が存するのに対し、再建築価格方式は、こうした個別的な特殊事情に左右されることなく家屋の客観的時価を把握することが可能で、かつ、基準を整備することによって評価も比較的容易であるから、大量の固定資産につき適正かつ公平な税負担を迅速に実現することが要求される課税事務において、適正な時価の算出に最も適当な評価方法であるというべきである。」としています（下線部筆者）。

第2章　土地および家屋の固定資産税

 2-11

家屋の評価額の見直しは行われるのでしょうか？

家屋の評価額は原則として3年間据え置かれると聞きましたが、その間においても家屋の価値は減少するものと考えられます。この場合、据置期間においても当該価値の減少による評価額の見直しは行われるのでしょうか、教えてください。

家屋の評価額は原則として3年間据え置かれ、家屋の価値の減少は、その見直しの年において反映されることとなります。

＜解説＞

1　家屋の評価

　Q2-10でみたとおり、家屋の評価は固定資産評価基準にしたがって行われます。固定資産評価基準による家屋の評価の妥当性について、最高裁は、「（固定資産）評価基準は、固定資産税の課税標準の基礎となるべき価格の適正を手続的に担保するために、その算定手続、方法を規定するものであるから、これに従って決定された価格は、特段の反証のない限り、地方税法349条1項所定の<u>固定資産の価格である適正な時価</u>と認めることができる。（下線部筆者）」としています（最高裁平成15年7月18日判決・判時1829号96頁）。

　また、具体的な家屋の評価は、原則として再建築価格方式により行われ

83

ます（固定資産評価基準第2章）。

2 家屋の価値の減少と評価額への反映

　再建築価格方式による場合、建築後の年数の経過によって生ずる損耗の状況による減価（価値の減少）は、それを示す「経年減点補正率」を乗じることで、その家屋の評価額に反映させます。経年減点補正率は最高2割（20％評価）であり、以降の年は2割で据え置かれ更なる減額補正はありません。

　また、経年減点補正率を乗じて評価を行うのは3年に一度であり、見直しの年に当たる基準年度以外の年において減額補正することはありません。

第2章　土地および家屋の固定資産税

2-12

一戸建てを新築した場合、家屋調査はどのように行われるのでしょうか？

このたび親から相続した市内の土地に自宅を建築しました。このような場合、固定資産税の課税のため、市役所の職員がわが家を訪れ、調査を行うようですが、具体的にどのようなことが行われるのでしょうか、教えてください。

登記所からの通知又は家屋の所有者からの連絡により、新築家屋の所在する市役所の固定資産税担当部署が当該新築家屋を把握した後、同市役所の家屋評価担当職員が、当該家屋の所有者に予め連絡をした上で、家屋調査を行います。

＜解説＞

1　新築建物の登記

　新築した建物の所有権を取得した場合、不動産登記法上、その者は所有権の取得の日から一ヶ月以内に、登記所に表題登記の申請をすることが義務付けられています（不動産登記法47①）。表題登記をした場合、登記所からその旨が市町村役場の固定資産税担当部署に通知されます。これにより、市町村役場は固定資産税の新たな課税客体である新築建物を把握することができます。

なお、諸事情により表題登記が遅れる場合がありますが、その場合には、新築した者が当該家屋の所在する市町村役場の資産評価係に新築した旨を連絡することとなります。

新増改築について登記がされていない場合、市町村役場の固定資産税担当部署に家屋異動届書を提出することになります。

2　家屋調査

市町村役場の固定資産税担当部署が上記 **1** で説明した登記所からの通知又は所有者からの連絡により新築家屋を把握した後、当該家屋が所在する市町村役場の家屋評価担当職員は、当該家屋の所有者に予め連絡をした上で、家屋調査を行います。

具体的には、各種建築資料（建築確認申請書、見積書、請負契約書、竣工図等）を参考にして、実際にどのような資材がどれだけ使用されて建築されているのか等、外観、内装及び建築設備等の施工状況を確認し、家屋の評価に反映させることとなります。

なお、家屋評価担当職員は、家屋調査を行う際には徴税吏員（地法1三）であることを示す「徴税吏員証」を携帯していますので、家屋の所有者は立会いの際に確認するとよいでしょう（地法353③）。

3　認定長期優良住宅の場合

認定長期優良住宅を新築した場合、固定資産税の減額を受けるためには、新築した年の翌年（1月1日新築の場合はその年）の1月31日までに申告することが必要となります。申告が要件とされているのは、長期優良住宅として行政庁の認定を受けているかどうかについて、家屋所有者の申告なしに市町村役場が把握することは困難であるからです。

なお、その場合、登記の有無にかかわらず、当該家屋が所在する市町村役場の固定資産税担当部署に新築した旨を連絡する必要があります。

4　新築分譲マンションの場合

　新築分譲マンションの場合、市町村役場がマンションを建築した施工業者又は販売業者から各種建築書類を借用して評価を行うため、家屋評価担当職員が各区分所有者に赴いて個別に家屋調査を行うことはありません。

　なお、マンションに係る竣工図等の建築資料の完成が遅れている等の場合には、家屋の建築後すぐに固定資産税の評価を行うことができないため、家屋の課税については、土地の課税とは別に、市町村から後日納税通知書が送付されることがあります。

Q 2-13

先日改築しましたが、家屋調査はどのように行われるのでしょうか？

先日、老朽化した自宅建物につき、耐震補強等のため改築いたしました。このような場合にもQ2-12のように、固定資産税の課税のため、市役所の職員がわが家を訪れて調査を行うようですが、具体的にどのようなことが行われるのでしょうか、教えてください。

登記所からの通知又は家屋の所有者からの連絡により、増改築家屋の所在する市役所の固定資産税担当部署が当該家屋を把握した後、同市役所の家屋評価担当職員が、当該家屋の所有者に予め連絡をした上で、家屋調査を行います。

＜解説＞

1　増改築建物の登記

　建物の増改築により、建物の種類、構造又は床面積について変更があったときは、不動産登記法上、所有者又は登記名義人は、当該変更があった日から1ヶ月以内に、登記所に当該事項に関する変更の登記を申請することが義務付けられています（不動産登記法55①）。

　上記に基づき変更登記をした場合、登記所からその旨が市町村役場の固定資産税担当部署に通知されます。これにより、市町村役場は固定資産税

の課税客体である家屋の状況に変化があり、評価替えを行う必要性について把握することができるわけです。

また、諸事情により変更登記が遅れる場合や、変更登記が不要な改築を行った場合には、家屋の所有者がその家屋が所在する市町村役場の資産評価係に増改築した旨を連絡することとなります。

なお、建物の増改築について登記がされていない場合には、市町村役場の固定資産税担当部署に家屋異動届書を提出することとなります。

2　増改築の場合の家屋調査

市町村役場の固定資産税担当部署が登記所からの通知又は家屋の所有者からの連絡により当該家屋を把握した後、同市町村役場の家屋評価担当職員は、当該家屋の所有者に予め連絡をした上で、家屋調査を行います。

具体的には、各種建築資料（建築確認申請書、見積書、請負契約書、竣工図等）を参考にして、実際にどのような資材がどれだけ使用されて建築されているのか等、外観、内装及び建築設備等の施工状況を確認することになります。その結果、調査内容が家屋の評価に反映されることとなります。

なお、家屋評価担当職員は、家屋調査を行う際には徴税吏員（地法1三）であることを示す「徴税吏員証」を携帯していますので、家屋の所有者は立会いの際に確認することをお勧めします（地法353③）。

3　耐震化等のための改修工事の場合

耐震化のための改修工事、バリアフリー改修工事又は省エネ改修工事をした場合で、固定資産税の減額・減免を受けるためには、改修工事完了後3ヶ月以内に市町村に対し申告することが必要となります。この場合も申告することが要件とされたのは、納税者の申告がなければ改修工事があったことを市町村が把握することは困難だからです。

89

なお、登記の有無にかかわらず、当該家屋が所在する市町村役場の固定資産税係に改修した旨を連絡する必要があります。

2-14

建物の利用用途を変更しましたが、家屋調査は行われるのでしょうか？

会社のリストラの一環として、自社ビルの別館事務所を閉鎖し賃貸住宅に転用しました。このような場合にも家屋調査は行われるのでしょうか、教えてください。

自社ビルの別館事務所を賃貸住宅に転用した場合のように、家屋の利用状況を変更した場合にも、家屋評価担当職員による家屋調査が行われます。

＜解説＞

1　家屋調査とは

　家屋を新築又は増改築した場合には、固定資産税・都市計画税の算出の基となる価格を決定又は修正するため、その家屋を評価する必要があります。その評価を行うために、市町村役場の家屋評価担当職員により行われる調査が「家屋調査」です。

　3年に一度の評価替えのときには、家屋の価格を見直すことになりますが、一度家屋調査を終えた家屋は、建築物価の変動及び経過年数に応ずる減点補正率によって見直しが行われるため、家屋の状況が変わらない限り原則として再度家屋調査が行われることはありません。

2　建物の利用用途の変更と家屋調査

それでは、本問のように、建物の利用用途の変更があった場合にも、家屋調査が行われるのでしょうか。

家屋の利用状況を変更した場合にも、固定資産税の評価額が変わることがあります。建物の種類について変更があったときは、所有者又は登記名義人は、当該変更があった日から一ヶ月以内に、登記所に当該事項に関する変更の登記を申請することが義務付けられています（不動産登記法51①）。

当該変更登記をした場合、登記所からその旨が市町村役場の固定資産税担当部署に通知されます。これにより、市町村役場は固定資産税の課税客体である家屋の利用状況に変化があり、評価替えを行う必要性について把握することができるわけです。

本問のように、建物の利用用途の変更があり、固定資産税の評価額が変わる可能性がある場合には、当該家屋が所在する市町村役場の家屋評価担当職員が、所有者に予め連絡をした上で、家屋調査を行います。建物の利用用途の変更により家屋調査を行う場合とは、具体的には以下のようなケースが該当します。

① 　事務所を閉鎖して住宅として使用することにした場合

② 　店舗を閉鎖して倉庫として使用することにした場合

3　家屋の利用用途変更に伴う住宅用地の認定変更

なお、家屋の利用状況を変更した場合には、その家屋の敷地となる土地について住宅用地の認定が変わることがあります。その場合には「（固定資産税の）住宅用地等申告書」の提出が必要となります。

国分寺市の「住宅用地申告書」の記載例（自宅敷地の一部を駐車場用地に転用した場合）は次頁のとおりです。

第2章　土地および家屋の固定資産税

○住宅用地申告書（国分寺市）

（様式第5号の1）

平 成 27 年 度　　住 宅 用 地 申 告 書

国分寺市長　殿

　国分寺市市税賦課徴収条例第55条の規定に基づき，下記のとおり，住宅用地の申告をします。

申告日：平成 27 年 12 月 10 日

＜土地所有者＞

住　所	〒185-0001　　　　国分寺市○○1－2－3		
ふりがな 氏　名	にしかわ　　いちろう 西川　一郎　　　㊞	電話番号	042（325）××××

＜対象土地＞

所在			地　積　（　㎡　）
国分寺市　○○　　　1 丁目　　　　2 番　3			900
国分寺市　　　　　　　丁目　　　　　番			

＜家屋の情報＞

所在	☑同上　　それ以外の場合	家屋番号	6－1
所有者	☑同上　　それ以外の場合　住所・氏名を記入		
種類・構造・用途	専用住宅・木造・住居		
床面積	100 ㎡　　内居住の用に供する面積　　100 ㎡		
居住の用に 供した年月日	平成27年12月　1日	戸数・区画数	2 戸

※土地を複数の用途に利用している場合は，利用状況がわかる書類を添付してください。

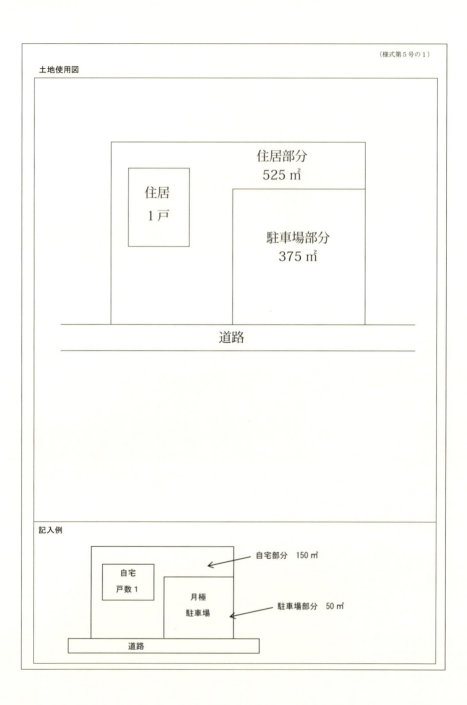

第2章　土地および家屋の固定資産税

 2–15

土地の評価額が下がっているのに固定資産税の税額が上がるのはなぜでしょうか？

私の住む家の敷地に係る固定資産税についてお尋ねします。先日市役所から送付されてきた納税通知書によれば、前年度よりも今年度の方が評価額は下がっていますが、税額は逆に上がっております。なぜこのようなことになるのでしょうか、教えてください。

土地に係る固定資産税については、地域によるばらつきを均衡化する負担調整措置が採られているため、負担水準が低い土地は評価額が下がっても税負担が上昇する可能性があります。

＜解説＞

1　固定資産税の負担調整措置

　土地の固定資産税評価額は、評価の適正化・均衡を図るため、平成6年度の評価替えより、従前の公示地価の20～30％程度の水準から70％程度まで一気に引き上げられました。しかしながら、税率（標準税率）は1.4％に据え置かれたため、特に調整を行わなければ税額負担も一気に上昇することとなります。そこで、従前と現在の評価額との乖離の程度に応じて、毎年徐々に課税標準額を引き上げていく「負担調整措置」が講じられるようになりました。

具体的には、本来の課税標準額（本則課税標準額）に対して前年度の課税標準額がどの程度の割合であるかを示す「負担水準（地法附則17八）」に応じて、当該年度の課税標準額が調整されます。負担水準の算式は以下のとおりです。

○負担水準の算式

$$負担水準＝\frac{前年度課税標準額}{本則課税標準額}$$

なお、上記算式中の「本則課税標準額」とは、住宅用地の場合、当該年度の評価額の3分の1（小規模住宅用地の場合6分の1）を乗じた額をいいます（Q2–18参照）。

2 平成27年度評価替えに伴う負担調整措置

総務省によれば、平成27年度評価替え時点においては、住宅用地についてはほぼすべてが据置特例の対象となる水準にあるとされています。平成27年度評価替えに伴う住宅用地及び商業地等における負担調整措置を表で示すと以下のとおりとなります。

○平成27年度評価替えに伴う負担調整措置

区分	負担水準	課税標準
住宅用地	100％以上	本則課税標準額
	100％未満	前年度課税標準額＋（本則課税標準額）×5％[*1]
商業地等	70％超[*2]	当該年度の評価額×70％
	60％以上70％以下[*2]	前年度課税標準額に据置
	60％未満	前年度課税標準額＋（本則課税標準額）×5％[*3]

（＊1）本則課税標準額の20％を下回る場合には、20％相当額とされる。

（＊2）条例により60％～70％の範囲で引き下げ、又は前年度の税額の1.1倍超の場合にその超過額を減額する制度（条例減額制度）がある。

（＊3）本則課税標準額の60％を上回る場合は60％相当額、20％を下回る場合には20％相当額とされる。

3　評価額と税負担の逆転現象

　住宅用地については、平成26年度から課税標準の据置制度が廃止されており、その影響で徐々に税額が増える可能性があります。これを事例に基づく図で示すと以下のようになります。

○評価額と税負担の逆転現象（事例）

　平成26年度の評価額が1,200万円の土地が平成27年度には1,140万円に下がっていました。本則課税標準額は小規模住宅用地の特例（地法349の3の2②）によりいずれも6分の1の金額となっていますが、負担水準が100％未満であったため、以下のように実際の課税標準額（170万円）が平成26年度（160万円）よりも上昇しました。

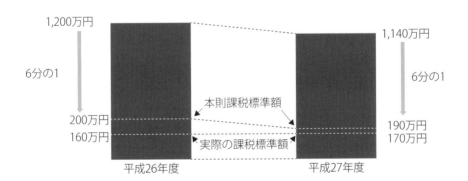

Q 2-16

私道にも固定資産税は課税されるのでしょうか？

私が所有する土地の一部は私道ですが、私たちの家族だけでなく、一般の人も通行しております。このような私道にも固定資産税は課税されるのでしょうか、教えてください。

私道であっても「公共の用に供する道路」に該当するものは、申告により固定資産税が非課税となります。

<解説>

1　固定資産の性格又は用途による非課税

　Q1-14、Q1-15で説明したとおり、固定資産税の非課税制度には二種類あります。一つは所有者の性格による非課税（人的非課税）であり（地法348①）、もう一つは固定資産の性格又は用途による非課税（物的非課税）です（地法348②、地法附則14）。
　このうち後者の固定資産の性格又は用途による非課税（物的非課税）の中には、公共の用に供する道路があります（地法348②五）。

2　公共の用に供する道路の非課税

　それでは、固定資産税が非課税となる「公共の用に供する道路」とは、どういう道路なのでしょうか。これについては、東京都主税局が発行する

「公共の用に供する道路に対する固定資産税・都市計画税（23区）の非課税[注28]」が参考になります。

この資料によれば、「公共の用に供する道路」とは以下のようなものを指します。

① 道路法にいう道路（公道）
② 通り抜け私道
③ 共用私道（行止り私道・コの字型私道）
④ セットバック部分　など

上記のイメージ図は以下のとおりです。

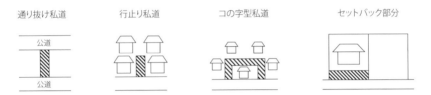

（出所）東京都主税局「公共の用に供する道路に対する固定資産税・都市計画税（23区）の非課税」2頁

なお、上記は東京都（23区）の取扱いであり、どのような道路が「公共の用に供する道路」に該当するかは、各市町村に問い合わせる必要があるものと考えられます。

注28 http://www.tax.metro.tokyo.jp/shitsumon/tozei/douro_hikazei.pdf

3 条例に基づく非課税の申告

「公共の用に供する道路」を所有する納税者が、固定資産税の非課税の適用を受けるためには、各市町村に申告書（東京都の場合、「固定資産税・都市計画税非課税申告書（公共の用に供する道路）」）を提出する必要があります（地方税法の施行に関する取扱いについて（市町村税関係）第3章第1節18）。その際、地積測量図の添付を求められることがあります。

申告に基づき各市町村が調査し、利用状況を確認したものについては、その翌年の4月から始まる年度の固定資産税から非課税措置が適用されます。

第2章　土地および家屋の固定資産税

 2-17

新築住宅には固定資産税の減免措置がありますか？

このたび神奈川県内に念願のマイホームを建築しました。その際多額の出費がありましたが、これからは固定資産税の負担ものしかかってくるため、憂鬱です。そんな中、不動産業者から、新築住宅には固定資産税の減免措置があると聞きましたが、どのような制度なのでしょうか、教えてください。

新築された住宅が一定の床面積要件を満たす場合、新たに課税される年度から一定の期間、家屋に係る固定資産税の税額が2分の1に減額される制度があります。

＜解説＞

1　新築住宅に対する減額措置の内容

新築住宅に対して課される固定資産税については、住宅取得を促進し住宅産業を振興するといった住宅政策に資する見地から、新築当初における固定資産税の額が軽減される特例措置が導入されています。

すなわち、平成30年3月31日までの間に新築された住宅が以下の床面積要件を満たす場合には、新たに固定資産税が課されることとなった年度から3年度分につき、固定資産税が2分の1に減額されます（地法附則15の6①、地令附則12②③）。

101

○新築住宅の床面積要件

一戸建住宅	併用住宅	共同住宅	区分所有の住宅
床面積	居住部分の床面積（居住部分の床面積が全体の2分の1以上であること）	独立的に区画された居住部分の床面積に、共用部分の床面積を按分し加えた床面積	専有部分のうち居住部分の床面積に、共用部分の床面積を按分し、加えた床面積（専有部分のうち居住部分が、その専有部分の2分の1以上であること）
50㎡以上280㎡以下	50㎡以上280㎡以下	50㎡（貸家の場合40㎡）以上280㎡以下	50㎡（貸家の場合40㎡）以上280㎡以下

2 中高層耐火建築物に対する減額措置

平成30年3月31日までの間に新築された中高層耐火建築物で、上記**1**の床面積要件を満たすものは、新たに固定資産税が課されることとなった年度から5年度分につき、固定資産税が2分の1に減額されます（地法附則15の6②、地令附則12②③）。

ここでいう「中高層耐火建築物」とは、主要構造部を耐火構造又は準耐火構造等とした建築物で、地上階数が3以上（3階建以上）のものをいいます（地法附則15の6②）。

なお、3階建以上の木造家屋のうち、準耐火建築物に該当するものは、市町村が木造準耐火建築物であることの確認を行うため、「建築確認申請書（写）」及び「検査済証（写）」又は「建設住宅性能評価書」を添付した「固定資産税減額申告書」の提出を求められることがあります。

3 認定長期優良住宅に対する減額措置

さらに、平成30年3月31日までの間に新築された認定長期優良住宅につ

いては、前記**1**の床面積要件を満たす場合は、新たに課税される年度から
5年度分（3階建以上の耐火・準耐火建築物は7年度分）に限り、当該住宅
に係る固定資産税額（居住部分で1戸あたり120㎡相当分までを限度）が2分
の1に減額されます（地法附則15の7①②）。

ここでいう「認定長期優良住宅」とは、長期優良住宅の普及及び促進に
関する法律第10条第2号に規定する市町村又は都道府県知事の認定を受け
た長期優良住宅を指します。

なお、この特例の適用を受けるためには、当該認定長期優良住宅に対し
て新たに固定資産税が課されることとなる年度の初日が属する年の1月31
日までに、「長期優良住宅建築等計画の認定通知書」もしくは「変更認定
通知書」又は「地位承継の承認通知書」の写しを添付して、市町村に申告
書を提出する必要があります（地法附則15の7③）。

2-18

住宅用地に対する特例措置とはどのようなものですか？

住宅用地に対しては、住宅政策の観点から固定資産税を大幅に軽減する措置があると聞きました。それでは、その具体的な内容はどういうものなのでしょうか、教えてください。

（一般）住宅用地に関しては固定資産税の本来の課税標準を3分の1に、小規模住宅用地に関しては課税標準を6分の1に圧縮する特例措置が講じられています。

＜解説＞

1　住宅用地の意義

　固定資産税における「住宅用地」とは、賦課期日（毎年1月1日）現在において、次のいずれかに該当するものをいいます（地令52の11）。
① 　専用住宅（専ら人の居住の用に供する家屋）の敷地の用に供されている土地で、その上に存在する家屋の総床面積の10倍までの土地
② 　併用住宅（その一部を人の居住の用に供されている家屋で、その家屋の床面積に対する居住部分の割合（住宅用地の割合）が4分の1以上あるもの）の敷地の用に供されている土地のうち、その面積に次頁の表の率を乗じて得た面積（住宅用地の面積がその上に存在する家屋の床面積の10倍を超えているときは、床面積の10倍の面積に次頁の表の率を乗じた

面積）に相当する土地

なお、併用住宅における「住宅用地の割合」は、以下のとおり算出されます。

○住宅用地の割合

家屋の種類	居住部分の割合	住宅用地の割合
下記以外の家屋	4分の1以上2分の1未満	0.5
	2分の1以上	1.0
地上階数5以上の耐火建築物である併用住宅等	4分の1以上2分の1未満	0.5
	2分の1以上4分の3未満	0.75
	4分の3以上	1.0

住宅用地の具体例としては、住宅用家屋（専用住宅・アパート等）の敷地、住宅用家屋の敷地と一体となっている庭・自家用駐車場などが該当します。

一方、非住宅用地としては、業務用家屋（店舗、事務所、工場、倉庫、旅館等）の敷地、駐車場、資材置場、空地（住宅建築予定地を含む）、住宅建築中の土地などがその例となります。

2 住宅用地の特例措置

住宅用地に対する固定資産税については、新築住宅に対する措置と同様に、住宅取得を促進するといった住宅政策に資する見地から、課税標準を大幅に縮減し税負担を軽減する特例措置が講じられています（地法349の3の2）。その内容は以下の表のとおりまとめられます。

○住宅用地の特例措置

住宅用地の区分	課税標準の特例の内容
（一般）住宅用地	課税標準となるべき価格を3分の1に圧縮
小規模住宅用地	課税標準となるべき価格を6分の1に圧縮

前頁の表のうち、「小規模住宅用地」とは、以下の表に掲げるような住宅用地をいいます（地法349の3の2②、地令52の12、地規12の2）。

○小規模住宅用地の要件

住宅用地の区分	小規模住宅用地の該当性
住宅用地でその面積が200㎡以下のもの	小規模住宅用地に該当
住宅用地でその面積が200㎡を超えるもののうち、住居1戸当たりの住宅用地の面積が200㎡以下のもの	小規模住宅用地に該当
住宅用地でその面積が200㎡を超えるもののうち、住居1戸当たりの住宅用地の面積が200㎡を超えるもの	200㎡に当該住居の数を乗じて得た面積に相当する部分が小規模住宅用地に該当

3　併用住宅の場合

　併用住宅の場合における、特例対象住宅用地の算定方法は以下のとおりとなります。

　〔事例〕
- ●土地の地積：400㎡
- ●併用住宅（5階建て耐火建築物）の床面積：500㎡（うち居住部分300㎡）
　　　居住部分の割合＝300㎡÷500㎡＝0.6⇒0.75（住宅用地の割合）
　　　特例の対象となる住宅用地の面積＝400㎡×0.75＝300㎡

4　都市計画税に係る住宅用地の特例措置

　都市計画税についても、固定資産税と同様に住宅用地の特例措置がありますが、次頁の表のとおり内容が異なります（縮減割合が半分となります）ので、ご注意ください（地法702の3）。

第2章　土地および家屋の固定資産税

○住宅用地の特例措置（都市計画税）

住宅用地の区分	課税標準の特例の内容
（一般）住宅用地	課税標準となるべき価格を3分の2に圧縮
小規模住宅用地	課税標準となるべき価格を3分の1に圧縮

Q 2-19

既存の住宅を取り壊して住宅を新築する場合、住宅用地に対する特例措置の適用はあるのでしょうか？

現在住んでいる自宅につき、固定資産税・都市計画税の小規模住宅用地の適用を受けています。ところで、今の自宅が老朽化したため、取り壊して新築することを計画しております。この場合、現在受けている固定資産税・都市計画税の小規模住宅用地の特例は、継続して適用されるのでしょうか、教えてください。

A

賦課期日（１月１日）現在工事中の土地や建設予定地は、原則として住宅用地の特例が適用されませんが、一定の要件に該当する場合には、住宅が完成するまでに通常必要と認められる工事期間について、住宅建替え中の土地として、住宅用地の特例が継続して適用されます。

＜解説＞

1 住宅用地の特例

　Q2-18で説明しましたとおり、住宅用地に対する固定資産税及び都市計画税については、住宅取得を促進するといった住宅政策に資する見地から、課税標準を大幅に縮減し税負担を軽減する特例措置が講じられています（地法349の３の２、702の３）。

2　既存の住宅を取り壊して住宅を新築する場合

　それでは、住宅用地の特例の適用を受けていた既存の住宅を取り壊して住宅を新築する場合、建築期間中の土地についても住宅用地（小規模住宅用地）に対する特例措置の適用はあるのでしょうか。

　この場合、賦課期日（1月1日）現在工事中の土地や建設予定地は、原則として住宅用地の特例が適用されませんが、一定の要件に該当する場合には、住宅が完成するまでに通常必要と認められる工事期間について、住宅建替え中の土地として、住宅用地の特例が継続して適用されます。

　ここでいう「一定の要件」をフローチャートで示すと、以下のようになります。

○住宅用地の特例に係る継続適用の要件

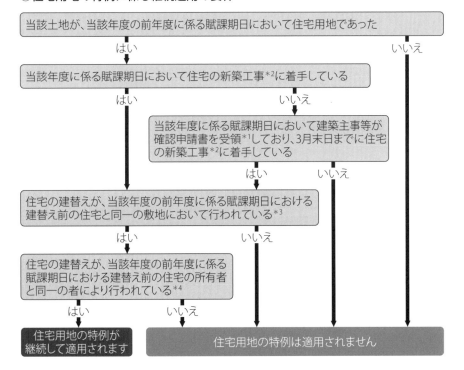

（＊１）当該年度に係る賦課期日において、建築主事または指定確認検査機関が建築基準法に基づく確認申請書を、正式に受領していることが、受領印等により確認できる場合をいい、事前審査や事前相談等は含みません。

（＊２）現に水盛り、遣り方、根切り等の住宅の基礎工事に着手している状態を指します。造成工事等の開発行為、地盤改良、地鎮祭等は含まれません。

（＊３）土地区画整理事業の仮換地先における住宅の建替えである場合も含まれます。

（＊４）以下の場合も含まれます。

・建替え前の住宅の所有者の親族（民法第725条）が住宅の建替えを行っている場合

・建替え前の住宅の所有者が法人であり、当該法人を合併した法人が住宅の建替えを行っている場合

・建替え前の住宅の所有者の持分を含む共有者が住宅の建替えを行っている場合

・建替え前の住宅の所有者が当該年度に係る賦課期日における建築主との等価交換方式等によって住宅完成後直ちに住宅を取得する場合

・建替え前の家屋（補充）課税台帳登録者以外の実質の住宅の所有者が住宅の建替えを行っている場合

（出所）東京都主税局ホームページ

　なお、継続適用を受ける場合には、「固定資産税の住宅用地等申告書」により申告する必要があります。当該申告については、Q2-20を参照してください。

2-20

住宅用地の申告はどのような場合に行うのでしょうか？

固定資産税や都市計画税に関しては、住宅用地の申告を行うべきケースがあると聞きました。具体的にどのようなケースがそれにあたるのか、教えてください。

固定資産税や都市計画税に関しては、住宅用地について課税標準を縮減する特例措置があり、税負担が軽減されています。この特例措置を正しく適用するために、「固定資産税の住宅用地等申告書」により申告をする必要があります。

＜解説＞

1　住宅用地に関する申告

　固定資産税・都市計画税に関しては住宅用地について課税標準を縮減する特例措置があり、税負担が軽減されています。この特例措置を正しく適用するために、「固定資産税の住宅用地等申告書」により申告をする必要があるわけです（地法384）。

2　申告が必要な場合

　住宅用地に関する申告が必要な場合とは、基本的に土地や家屋の状況に変更があった場合のことを指し、具体的には以下のようなケースが該当し

ます。

① 住宅を新築又は増築した場合

② 住宅を建て替える場合

③ 住宅の全部又は一部を取り壊した場合

④ 家屋の全部又は一部の用途を変更した場合（例：店舗を住宅に変更等）

⑤ 土地の用途（利用状況）を変更した場合（例：住宅の敷地を駐車場に変更等）

3　申告に関する留意事項

住宅用地に関する申告が必要なのは、賦課期日（1月1日）現在、上記**2**に該当する住宅用地を所有する者です。なお、所有者が自ら土地を利用していない場合でも同様に申告が必要となります。

申告先は、住宅用地が所在する市町村の固定資産税担当部署で、申告期限は申告が必要となる事由が生じた年の翌年の1月31日です（東京都の場合、東京都都税条例第136条の2）。

4　申告書の記載例

東京都における「固定資産税の住宅用地等申告書」の記載例は、次頁のとおりです。

112

第2章 土地および家屋の固定資産税

○固定資産税の住宅用地等申告書（東京都）

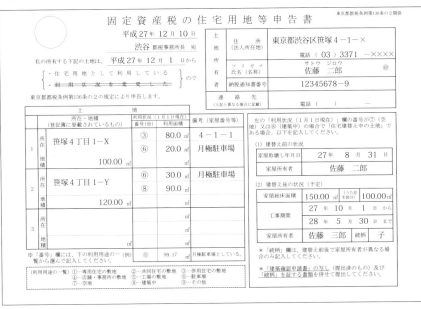

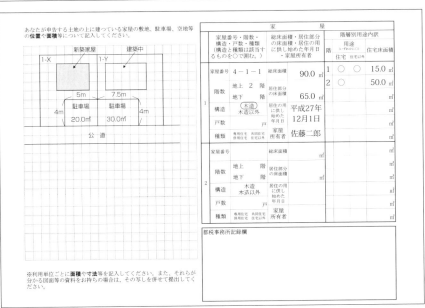

113

Q 2-21

土地については相続税の路線価のように毎年評価が行われるのでしょうか？

相続税の課税対象である土地は、毎年路線価が発表され価格が変動しますが、固定資産税の課税物件である土地についても、同様に毎年評価がなされるのでしょうか、教えてください。

固定資産税における土地の評価額は、原則として路線価に基づいて行われますが、相続税の場合とは異なり、固定資産税における路線価の見直しは3年に一度となっております。

<解説>

1　固定資産税における土地の評価

　固定資産税における土地（宅地）の評価は、大きく市街地にあるものとないものとに分けて行われます。
　市街地にある（市街地的形態を形成している地域の）宅地は、標準宅地について地価公示価格等の7割を目途に適正な時価を算出し、沿接する街路に「路線価」を付設する方法が採用されています（市街地宅地評価法、固定資産評価基準第1章第3節二（一））。
　一方、市街地にない（市街地的形態を形成するに至らない地域の）宅地は、標準宅地について地価公示価格等の7割を目途に適正な時価を算出し、路

線価ではなく「評点数」を付設する方法を採用しています（市街地宅地評価法、固定資産評価基準第1章第3節二（二））。

2　固定資産税における路線価

　1のとおり、市街地にある（市街地的形態を形成している地域の）宅地は、道路に接する標準的な宅地の1㎡当たりの価格である「路線価」を基にして、それぞれの宅地の形状等に応じて求められます。この路線価は市町村役場で「路線価図」が閲覧できるほか、東京都などではインターネットでも公開されています（東京都主税局のホームページ（http://www.tax.metro.tokyo.jp/map/index.html）参照）。

　固定資産税の路線価は相続税の場合とは異なり、見直しは3年に一度となっています。現在路線価として最新のものは、平成27基準年度の評価に使用されているものです。

115

Q 2-22

画地計算法とは何ですか？

固定資産税において、宅地は原則として、路線価を基礎として、画地計算法による補正を適用して評価すると聞きました。ここでいう「画地計算法」とはどういう計算方法なのでしょうか、教えてください。

画地計算法とは、路線価をもとに宅地を評価する際、それぞれの宅地の奥行、間口、形状、街路との状況等をその評価に具体的に反映させるために行う補正の方法をいいます。

＜解説＞

1　画地計算法とは

　画地計算法とは、固定資産税の実務において路線価をもとに宅地を評価する際、それぞれの宅地の奥行、間口、形状、街路との状況等をその評価に具体的に反映させるために行う補正の方法をいいます。
　画地計算法の具体的内容については、固定資産評価基準別表第3（画地計算法）に定めがありますが、その基本的な考え方は、相続財産の評価方法を定めた財産評価基本通達の規定と共通であるといえます[注29]。

注29　財産評価基本通達に基づく土地の評価については、拙著『相続税調査であわてない不動産評価の税務』（中央経済社・2015年）参照。

2 画地計算法の実際

固定資産評価基準別表第3の規定によれば、画地計算法の実際は以下のようになります。

① 奥行価格補正

宅地の価額は、道路から離れる(奥行が長くなる)にしたがって、また、奥行が著しく短くなるにしたがって、漸減することを考慮して行う補正をいいます(奥行価格補正割合法)。

奥行価格補正割合法の適用事例は以下のとおりです。

〔事例〕

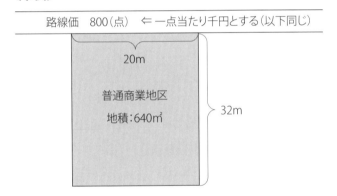

奥行32mの場合の奥行価格補正率(普通商業地区)は0.98です。したがって、上記宅地の評価額は以下のとおりとなります。

　1 ㎡当たりの評点数:800(点)×0.98=784(点)

　評点数:784(1 ㎡当たりの評点数)×640㎡(地積)=<u>501,760(点)</u>

なお、固定資産評価基準に掲載された奥行価格補正率表(同基準別表第3附表1)は次頁のとおりです。

○奥行価格補正率表（附表１）

奥行距離 （メートル）	地区区分	高度商業地区 I	高度商業地区 II	繁華街 地 区	普通商業地区 併用住宅地区	普通住宅地区 家内工業地区	中小工場 地 区	大工場 地 区
4 未満		0.90	0.90	0.90	0.90	0.90	0.85	0.85
4 以上　6 未満		0.92	0.92	0.92	0.92	0.92	0.90	0.90
6 以上　8 未満		0.93	0.94	0.95	0.95	0.95	0.93	0.93
8 以上　10未満		0.94	0.96	0.97	0.97	0.97	0.95	0.95
10以上　12未満		0.95	0.98	0.99	0.99	1.00	0.96	0.96
12以上　14未満		0.96	0.99	1.00	1.00		0.97	0.97
14以上　16未満		0.97	1.00				0.98	0.98
16以上　20未満		0.98					0.99	0.99
20以上　24未満		0.99					1.00	1.00
24以上　28未満		1.00				0.99		
28以上　32未満				0.98		0.98		
32以上　36未満				0.96	0.98	0.96		
36以上　40未満				0.94	0.96	0.94		
40以上　44未満				0.92	0.94	0.92		
44以上　48未満				0.90	0.92	0.91		
48以上　52未満			0.99	0.88	0.90	0.90		
52以上　56未満			0.98	0.87	0.88	0.88		
56以上　60未満			0.97	0.86	0.87	0.87		
60以上　64未満			0.96	0.85	0.86	0.86	0.99	
64以上　68未満			0.95	0.84	0.85	0.85	0.98	
68以上　72未満			0.94	0.83	0.84	0.84	0.97	
72以上　76未満		0.99	0.93	0.82	0.83	0.83	0.96	
76以上　80未満		0.98	0.92	0.81	0.82			
80以上　84未満		0.97	0.90	0.80	0.81	0.82	0.93	
84以上　88未満		0.96	0.88		0.80			
88以上　92未満		0.95	0.86			0.81	0.90	
92以上　96未満		0.94	0.84					
96以上　100未満		0.92	0.82					
100以上		0.90	0.80			0.80		

118

② 側方路線影響加算

　角地・準角地は、一方のみが道路に接している画地と比較して利用間口が広くなり、宅地としての利用価値が増大します。このことを考慮して行う補正が側方路線影響加算法です。

　側方路線影響加算法の適用事例は以下のとおりです。

〔事例１〕角地の場合

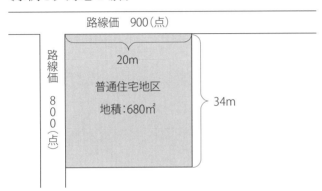

　奥行34ｍの場合の奥行価格補正率（普通住宅地区）は0.96、20ｍの場合は1.00です。したがって、上記宅地の評価額は以下のとおりとなります。

　　＜正面路線の判定＞

　　900（点）×0.96＝864（点）…ア

　　800（点）×1.00＝800（点）…イ

　　ア＞イ　∴路線価900（点）の方が正面路線

　　基本１㎡当たりの評点数：

　　　900（点、正面路線価）×0.96＝864（点）

　　加算１㎡当たりの評点数：

　　　800（点、側方路線価）×1.00×0.03（側方路線影響加算率）＝24（点）

　　１㎡当たりの評点数：864（点）＋24（点）＝888（点）

評点数：888（点）×680㎡（地積）＝603,840（点）

〔事例２〕準角地の場合

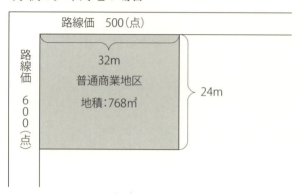

　準角地とは、上記のように一系統の路線の屈折部の内側に位置する画地をいいます。奥行32ｍの場合の奥行価格補正率（普通商業地区）は0.98、24ｍの場合は1.00です。したがって、上記宅地の評価額は以下のとおりとなります。

　＜正面路線の判定＞
　600（点）×0.98＝588（点）…ア
　500（点）×1.00＝500（点）…イ
　ア＞イ　∴路線価600（点）の方が正面路線
基本１㎡当たりの評点数：
　　600（点、正面路線価）×0.98＝588（点）
加算１㎡当たりの評点数：
　　500（点、側方路線価）×1.00×0.04（準角地に係る側方路線影響加算率）＝20（点）
１㎡当たりの評点数：588（点）＋20（点）＝608（点）
評点数：608（点）×768㎡（地積）＝466,944（点）

第2章　土地および家屋の固定資産税

　固定資産評価基準に掲載された側方路線影響加算率表（同基準別表第3附表2）は以下のとおりです。

○側方路線影響加算率表（附表2）

地区区分	加算率	
	角地の場合	準角地の場合
高度商業地区（Ⅰ、Ⅱ） 繁　華　街　地　区	0.10	0.05
普　通　商　業　地　区 併　用　住　宅　地　区	0.08	0.04
普　通　住　宅　地　区 家　内　工　業　地　区 中　小　工　場　地　区	0.03	0.02
大　工　場　地　区	0.02	0.01

③　二方路線影響加算

　正面と裏面に路線がある画地を二方路線地といいます。二方路線地は、路線価の低い裏路線の影響により、正面路線にのみ接する画地の価額よりも高くなるのが通例です。そのため、二方路線地の評価については、二方路線影響加算率によって補正した評点数を求めることとなります（二方路線影響加算法）。

　二方路線影響加算法の適用事例は次頁のとおりです。

121

〔事例〕

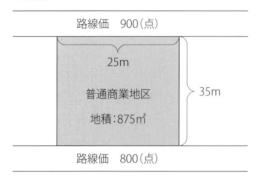

奥行35mの場合の奥行価格補正率（普通商業地区）は0.98です。したがって、上記宅地の評価額は以下のとおりとなります。

基本1㎡当たりの評点数：
　900（点、正面路線価）×0.98＝882（点）

加算1㎡当たりの評点数：
　800（点、裏面路線価）×0.98×0.05（二方路線影響加算率）＝39（点）

1㎡当たりの評点数：882（点）＋39（点）＝921（点）

評点数：921（点）×875㎡（地積）＝805,875（点）

固定資産評価基準に掲載された二方路線影響加算率表（同基準別表第3附表3）は以下のとおりです。

○**二方路線影響加算率表（附表3）**

地区区分	加算率
高度商業地区（Ⅰ、Ⅱ） 繁　華　街　地　区	0.07
普　通　商　業　地　区 併　用　住　宅　地　区	0.05
普　通　住　宅　地　区 家　内　工　業　地　区 中　小　工　場　地　区 大　工　場　地　区	0.02

第2章　土地および家屋の固定資産税

不整形地はどのように評価するのでしょうか？

私の保有する土地は長方形ではなくかなり歪んでいるのですが、このような土地はどのように評価するのでしょうか、教えてください。

概ね長方形の形状である整形地と比較して、凸凹やゆがみがある土地を不整形地といいますが、不整形地は利用価値が下がる分評価額も減額されます。

＜解説＞

1　不整形地とは

　整形地（概ね長方形の形状である画地）と比較して、不整形地（三角地を含む）はその形状等から蔭地が生じるなどして画地の全部を有効利用できないことが想定されるため、その利用価値はやや劣るものと考えられます。そのため固定資産評価基準では、不整形地については、奥行価格補正割合法等によって計算した単位当たり評点数に、「不整形地補正率表」（附表4）によって求めた不整形地補正率を乗じて、当該不整形地の単位地積あたり評点数を求めるものとします。

　固定資産評価基準に掲載された不整形地補正率表（同基準別表第3附表4）は次頁のとおりです。なお、当該補正率表は財産評価基本通達の不整形地補正率表（評基通20、付表5）とはやや異なりますので、ご注意ください。

○不整形地補正率表（附表４）

地区区分 蔭地割合	高度商業地区（Ⅰ、Ⅱ）、 繁華街地区、普通商業地区 併用住宅地区、中小工場地区	普通住宅地区 家内工業地区
10%未満	1.00	1.00
10%以上20%未満	0.98	0.96
20%以上30%未満	0.96	0.92
30%以上40%未満	0.92	0.88
40%以上50%未満	0.87	0.82
50%以上60%未満	0.80	0.72
60%以上	0.70	0.60

（注１） 蔭地割合の求め方は、評価対象画地を囲む、正面路線に面する矩形又は正方形の土地（以下「想定整地形」という。）の地積を算出し、次の算式により「蔭地割合」を算出する。

$$「蔭地割合」 = \frac{想定整地形の地積 － 評価対象画地の面積}{想定整形地の地積}$$

（注２） 不整形地補正率表を運用するに当たって、画地の地積が大きい場合等にあっては、近傍の宅地の価額との均衡を考慮し、不整形地補正率を修正して適用するものとする。

2 不整形地の評価方法

不整形地の具体的な評価方法は以下のとおりです。

〔事例１〕

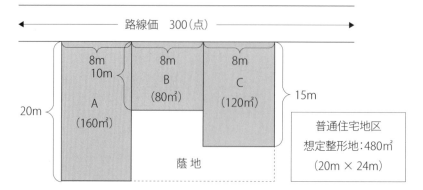

上記のような場合、不整形地をいくつかの整形地に分割し、それぞれの評価額の総和を不整形地の評価額とする方法を採ります。

Aの評点数：
　300（点）×1.00（奥行価格補正率）×160㎡＝48,000（点）
Bの評点数：
　300（点）×1.00（奥行価格補正率）×80㎡＝24,000（点）
Cの評点数：
　300（点）×1.00（奥行価格補正率）×120㎡＝36,000（点）
A＋B＋C：48,000（点）＋24,000（点）＋36,000（点）＝108,000（点）

＜不整形地補正率＞

陰地割合＝$\frac{480㎡－（160㎡＋80㎡＋120㎡）}{480㎡（想定整形地の地積）}$＝25％

不整形地補正率：0.92（普通住宅地区）

＜評価対象地の評点数＞

108,000（点）×0.92（不整形地補正率）＝99,360（点）

〔事例2〕

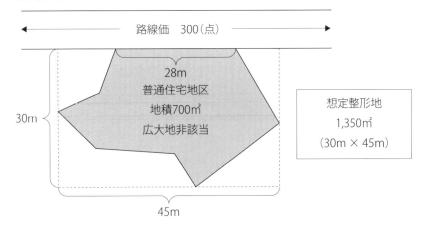

上記のような奥行価格が一様でない不整形地については、その宅地の地積を間口距離で除して求めた値を「計算上の奥行距離」として奥行価格補正率の適用を行います。

＜計算上の奥行距離に基づく1㎡当たりの評点数＞

　700㎡÷28m（間口距離）＝25m

　300（点）×0.99（奥行価格補正率）＝297（点）

＜不整形地補正率＞

　蔭地割合＝$\dfrac{1,350㎡－700㎡（評価対象地の地積）}{1,350㎡（想定整形地の地積）}$≒48.15％

　不整形地補正率：0.82（普通住宅地区）

＜評価対象地の評点数＞

　297（点）×0.82（不整形地補正率）×700㎡＝170,478（点）

〔事例3〕

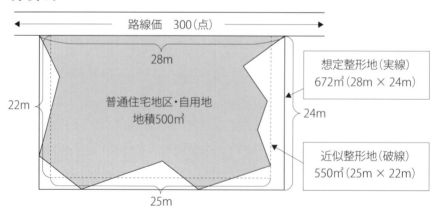

　評価対象となる不整形地に近似する整形地（近似整形地）を設定し、それを基に評価する方法によります。

＜近似整形地についての1㎡当たりの評点数＞

　300（点）×1.00（奥行価格補正率）＝300（点）

<不整形地補正率>

$$蔭地割合 = \frac{672㎡ - 500㎡（評価対象地の地積）}{672㎡（想定整形地の地積）} ≒ 25.60\%$$

不整形地補正率：0.92（普通住宅地区）

<評価対象地の評点数>

300（点）×0.92（不整形地補正率）×500㎡＝<u>138,000（点）</u>

〔事例4〕

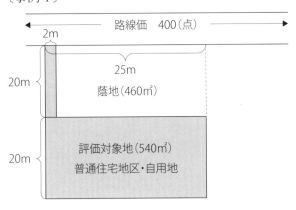

　建築基準法上、公道に出るため宅地が公道と接するべき距離、すなわち「接道義務」は、原則として2mとされています（建築基準法43①）。上記のような接道義務を満たす路地状の不整形地（袋地）については、袋地と蔭地とを合わせた想定整形地（25m×40m＝1,000㎡）に基づき評価します。

<不整形地補正率の算定>

$$蔭地割合 = \frac{1,000㎡ - 540㎡}{1,000㎡} = 46\%$$

不整形地補正率：0.82（普通住宅地区）

<間口狭小補正率の算定>

　普通住宅地区で間口距離が2m（＜4m）であるため、間口狭小補正率（Q2

-24参照)は0.90となります。

＜奥行長大補正率の算定＞

　普通住宅地区で奥行距離40m、間口距離 2 mであることから、奥行長大補正率（Q2-24参照）は0.90（ 8 以上）となります。

　　ア．不整形地補正率と間口狭小補正率を適用する方法
　　　　0.82（不整形地補正率）×0.90（間口狭小補正率）＝0.738 ⇒ 0.73
　　　　　　　　　　　　　　　　　　　　　　　（小数点以下 2 位未満切捨て）

　　イ．間口狭小補正率と奥行長大補正率を適用する方法
　　　　0.90（間口狭小補正率）×0.90（奥行長大補正率）＝0.81

　ア＜イ　∴ア＝0.73

1 ㎡当たりの評点数：

　400（点）×0.92（奥行価格補正率・普通住宅地区・40m）×0.73（不整形地補正率・間口狭小補正率）＝268（点）

評点数：268（点）×540㎡（地積）＝<u>144,720（点）</u>

3　蔭地割合方式によらない場合

　不整形地に関し、蔭地割合方式によらない場合の評価方法は以下のとおりです。

〔事例 5 〕

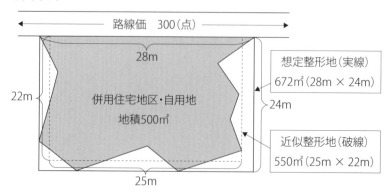

前述〔事例 3 〕と同じ形状の評価対象となる不整形地に関し、近似する
整形地（近似整形）を設定し、それを基に蔭地割合方式によらないで不
整形度を判定して評価します。この場合、「やや不整形」と判定されるも
のとします。

＜近似整形地についての 1 ㎡当たりの評点数＞

　300（点）×1.00（奥行価格補正率）＝300（点）

＜不整形度の判定＞

　不整形地補正率：0.95（やや不整形・併用住宅地区）

＜評価対象地の評点数＞

　300（点）×0.95（不整形地補正率）×500㎡＝<u>142,500（点）</u>

　蔭地割合方式によらない場合の不整形地補正率は、以下のとおりです（同
基準別表第 3 附表 4 （注 3 ））。

○蔭地割合方式によらない場合の不整形地補正率

地区区分 不整形度	高度商業地区（Ⅰ、Ⅱ）、 繁華街地区、普通商業地区 併用住宅地区、中小工場地区	普通住宅地区 家内工業地区
普　　　　通	1.00	1.00
や や 不 整 形	0.95	0.90
不　整　形	0.85	0.80
相 当 に 不 整 形	0.80	0.70
極 端 に 不 整 形	0.70	0.60

129

Q 2-24

間口が狭い土地や奥行が長い土地は評価が減額されますか？

間口が狭い土地や奥行が長い土地は、そうでない土地と比較して、利用に制約を受けるものと考えられますが、そのような制約は土地の評価に反映されるのでしょうか、教えてください。

間口が狭い土地や奥行が長い土地のように、土地の利用に一定の制約を受けるものについては、間口狭小補正率や奥行長大補正率といった、いずれも画地調整の一種である補正率を適用して評点数を算定します。

1　間口狭小補正とは

　間口が狭い土地は、通常の土地と比較した場合、建物の利用に支障を来したりする上に、土地への出入りが不便であるため、そのような減額要因を評価額に反映させる必要があります。その減額割合を数値で示したものが間口狭小補正率です。

　固定資産評価基準に掲載された間口狭小補正率表（同基準別表第3附表5）は以下のとおりです。

○間口狭小補正率表（附表5）

間口距離（メートル）＼地区区分	高度商業地区Ⅰ	高度商業地区Ⅱ	繁華街地区	普通商業地区併用住宅地区	普通住宅地区家内工業地区	中小工場地区	大工場地区
4未満	0.80	0.85	0.90	0.90	0.90	0.80	0.80
4以上 6未満	0.85	0.94	1.00	0.97	0.94	0.85	0.85
6以上 8未満	0.90	0.97		1.00	0.97	0.90	0.90
8以上 10未満	0.95	1.00			1.00	0.95	0.95
10以上 16未満	0.97					1.00	0.97
16以上 22未満	0.98						0.98
22以上 28未満	0.99						0.99
28以上	1.00						1.00

2　間口が狭小な土地の評価事例

間口が狭い土地の評価事例は以下のとおりです。

〔事例〕

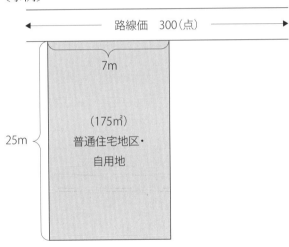

＜1㎡当たりの評点数＞

　300（点）×0.99（奥行価格補正率）×0.97（間口狭小補正率）＝288（点）

＜評点数＞

288（点）×175㎡（地積）＝50,400（点）

3 奥行長大補正とは

　奥行のある宅地の評価は、原則として奥行価格補正率（前述Q2-22参照）により調整計算することとされています。ところが、評価対象となる宅地の奥行が間口に比して著しく長大である場合には、奥行価格補正率だけでは十分な補正がなされないこととなります。そこで、このような宅地の評価に際しては、奥行価格補正に加え、さらに奥行長大補正を行うこととされています。

　固定資産評価基準に掲載された奥行長大補正率表（同基準別表第3附表6）は以下のとおりです。

○奥行長大補正率表（附表6）

奥行距離／間口距離　　地区区分	高度商業地区Ⅰ	高度商業地区Ⅱ 繁華街地区 普通商業地区 併用住宅地区	普通住宅地区 家内工業地区	中小工場地区	大工場地区
2未満	1.00	1.00	1.00	1.00	1.00
2以上 3未満			0.98		
3以上 4未満		0.99	0.96	0.99	
4以上 5未満		0.98	0.94	0.98	
5以上 6未満		0.96	0.92	0.96	
6以上 7未満		0.94	0.90	0.94	
7以上 8未満		0.92		0.92	
8以上		0.90		0.90	

132

4 奥行が長大な土地の評価事例

奥行が長大な土地の評価事例は以下のとおりです。

〔事例〕

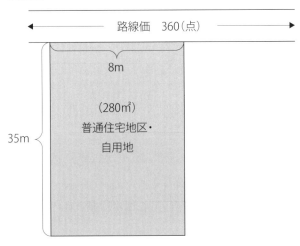

＜奥行長大補正率の算定＞

$\dfrac{35\mathrm{m}}{8\mathrm{m}} = 4.375 \Rightarrow 0.94$（普通住宅地区）

＜1 ㎡当たりの評点数＞

360（点）×0.96（奥行価格補正率）×1.00（間口狭小補正率）×0.94（奥行長大補正率）＝324（点）

＜評点数＞

324（点）×280㎡（地積）＝<u>90,720（点）</u>

Q 2-25

がけ地を含む土地はどのように評価するのでしょうか？

自宅の敷地の南斜面ががけ地となっていますが、このような土地の評価はどのように行うのでしょうか、教えてください。

丘陵地などを造成して宅地とした場合、その敷地の一部に通常の用途に供することができないがけ（崖）の部分が生じることがありますが、がけ地は平坦な土地と比較して効用が劣るため、その分の減額評価を行う必要があります。

＜解説＞

1　がけ地とは

　丘陵地などを造成して宅地とした場合、その敷地の一部に通常の用途に供することができないがけ（崖）の部分が生じることがあります。このようながけの部分のことを一般に「がけ地」といいます。がけ地を含む土地については、がけ地が平坦な土地と比較して効用が劣ることから、その分の減額評価を行う必要があります。

2　がけ地の評価方法

　がけ地の評価方法は概ね以下のような手順で行います。
　①　総地積に占めるがけ地の地積の割合（「がけ地割合」）を求める。

第2章　土地および家屋の固定資産税

②　上記①で求めたがけ地割合をがけ地補正率表に適用し、「がけ地補正率」を算定する。

③　路線価に奥行価格補正率を乗じ、さらに上記②で求めたがけ地補正率を乗じて1㎡当たりの評点数を求める。

④　上記③で求めた1㎡当たりの評点数に地積を乗じて評点数を求める。

固定資産評価基準に掲載されたがけ地補正率表（同基準別表第3附表7）は以下のとおりです。

○がけ地補正率表（附表7）

がけ地地積 総　地　積	0.10以上 0.20未満	0.20以上 0.30未満	0.30以上 0.40未満	0.40以上 0.50未満	0.50以上 0.60未満
補　正　率	0.95	0.90	0.85	0.80	0.75

がけ地地積 総　地　積	0.60以上 0.70未満	0.70以上 0.80未満	0.80以上 0.90未満	0.90以上	
補　正　率	0.70	0.65	0.60	0.55	

上記のとおり、固定資産評価基準におけるがけ地補正率は、がけ地の方位に関係なくがけ地割合で補正率が決まります。この点が、がけ地の方位により補正率が変わってくる財産評価基本通達に基づくがけ地補正率（評基通20－4、付表8）と異なります。私見では、財産評価基本通達に基づくがけ地補正率の方が、土地の利用状況に即したきめ細かな評価法ではないかと思われます。

なお、がけ地の方位を考慮した価格と固定資産評価基準による評価額とに乖離が生じる場合には、所要の補正が必要となるケースも考えられます。

135

3　がけ地を含む土地の評価事例

がけ地を含む土地の評価事例は以下のとおりです。

〔事例〕

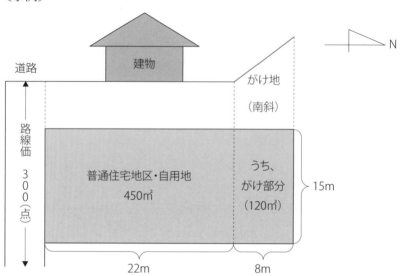

＜がけ地割合＞

　　がけ地割合：120㎡（がけ地の地積）÷450㎡（総地積）＝0.2667

　　　　　　⇒がけ地補正率：0.90

＜１㎡当たりの評点数＞

　　300（点）×0.98（奥行価格補正率）×0.90（がけ地補正率）＝264（点）

＜評点数＞

　　264（点）×450㎡（地積）＝118,800（点）

第2章　土地および家屋の固定資産税

2-26

道路に接していない土地はどのように評価するのでしょうか？

私が最近相続した土地は、道路に全く接していないのですが、このような土地について何らかの評価上の配慮はないのでしょうか、教えてください。

固定資産評価基準では、このような無道路地の価額は、実際に利用している路線の路線価に基づいて、奥行価格補正率、通路開設補正率及び無道路地補正率を乗じて求められる評点数により評価するものとされています。

＜解説＞

1　無道路地とは

　道路に直接接していない土地（接道義務を満たしていないもの含む）のことを一般に無道路地といいます。民法上は、このような他の土地に囲まれて公道に通じない土地（かつては「囲繞地」と称しており、現在は「袋地」ともいう）の所有者は、公道に出るためにその土地を囲んでいる他の土地を通行することができるとされています（民法210①）。

　建築基準法上、「接道義務」は原則として2ｍとされていますが（建築基準法43①）、地方公共団体が条例で更に厳しい条件を付すこともできます（同法43②）。

137

2 無道路地の評価方法

無道路地の評価は以下の手順により行います。

① 路線価に奥行価格補正、通路開設補正及び無道路地補正を行って、無道路地1㎡当たりの評点数を求める。

② 上記①で求めた「無道路地1㎡当たりの評点数」に地積を乗じて評点数を求める。

固定資産評価基準に掲載された通路開設補正率表（同基準別表第3附表9）は以下のとおりです。

○通路開設補正率表（附表9）

奥行（近い奥行）	10m以下	10m超20m以下	20m超30m以下	30m超
補正率	0.9	0.8	0.7	0.6

なお、上記表中の「近い奥行」とは、以下の図で示されるものをいい、「遠い奥行」は奥行価格補正率の算定の際、用います。

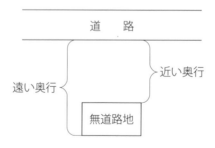

財産評価基本通達に基づく無道路地の評価（評基通20-2）との違いは、財産評価基本通達に基づく場合まず不整形地補正を行うのに対し、固定資産評価基準の場合、代わりに同基準独特の「通路開設補正」を行うという点です。

3 無道路地の評価事例

無道路地の評価事例は以下のとおりです。

〔事例〕普通住宅地区に所在する無道路地

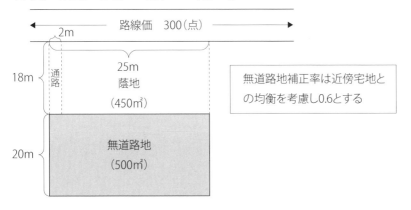

＜無道路地1㎡当たりの評点数の算定＞

　300（点）×0.94（奥行価格補正率・遠い奥行）×0.8（通路開設補正率・近い奥行）×0.6（無道路地補正率）＝135（点）

＜評点数の算定＞

　135（点）×500㎡（地積）＝67,500（点）

Q 2-27

所要の補正とは何ですか？

固定資産税に関する土地の評価で、「所要の補正を行う」という場合があるようですが、この「所要の補正」とはどういうものなのでしょうか、教えてください。

固定資産税評価基準に定められている、画地計算法のための各種の補正率表や、宅地の比準表は、全国一律に適用される標準的なものですが、それをそのまま適用すると地域事情等にそぐわないケースもあることから、そのような特殊事情に対応するため行う価格補正のことを「所要の補正」といいます。

＜解説＞

1　所要の補正とは

　固定資産評価基準の規定によれば、市街地宅地評価法又はその他の宅地評価法において、市町村長は宅地の状況に応じ、必要があるときは、画地計算法のための各種の補正率表や、宅地の比準表について、所要の補正を行ってこれを適用するとされています（固定資産評価基準第1章第3節二（一）4、二（二）5）。

　「所要の補正」を行う必要があるのは、固定資産税評価基準に定められている、画地計算法のための各種の補正率表や、宅地の比準表は、全国一

律に適用される標準的なものですが、それをそのまま適用すると地域事情等にそぐわないケースもあるためです。そこで、そのような特殊事情に対応するため行う価格補正が「所要の補正」というわけです。

2　所要の補正が必要な例

　所要の補正が必要な例として、例えば藤沢市は以下のようなリストを掲げています。

○所要の補正が必要な例とその内容

補正の名称	補正の内容
高低差の補正	評価対象土地が、接している道路に比べて高い場合または低い場合に減価を行うもの
騒音・振動の補正	評価対象の住宅用地が鉄道（小田急電鉄、JR東海道本線など）に隣接し、騒音や振動の影響を受ける場合に減価を行うもの
都市計画施設予定地の補正	評価対象土地が、都市計画施設の予定地として都市計画決定または都市計画事業の認可がされている場合に減価を行うもの
高圧線下にある土地の補正	評価対象土地が、高圧線下にある場合に減価を行うもの
地下阻害物のある土地の補正	評価対象土地の地下に地下阻害物（トンネル・上下水道・地下鉄等）が敷設されていて、地上権が設定されている場合に、減価を行うもの
介在水路の補正	評価対象土地が接している道路との間に水路が介在するため、道路との一体的利便性が減少する場合に減価を行うもの
急傾斜地崩壊危険区域の補正	評価対象土地が、急傾斜地指定崩壊危険区域に指定されている場合に減価を行うもの
私道の補正	公衆用道路以外の道路で、特定の私人のための専用通路として利用されている場合に減価を行うもの
分家住宅用地の補正	都市計画法第34条第12号の規定により建築された分家住宅用地に減価を行うもの

鉄塔敷の用に供する土地の補正	評価対象土地が、送電線の鉄塔敷地として使用している場合に減価を行うもの
ガス整圧器用地の補正	評価対象土地が、ガス整圧用地として使用している場合に減価を行うもの
造成困難地の補正	評価対象土地が、造成することが非常に困難であると判断される場合に減価を行うもの
市街化調整区域の宅地介在地補正	市街化調整区域内に存在する、宅地介在地（市街地宅地評価法により評価している農地及び雑種地）について減価を行うもの
介在山林の補正	介在山林（市街化区域内の山林）は、一般に宅地に造成することとした場合において、公共用地その他宅地以外の用途に供されることとなる土地がある程度見込まれることから、減価を行うもの
日照阻害を受ける土地の補正	評価対象土地が、マンション等の建築物により日照が一定時間以上阻害されている場合に減価を行うもの
建築に制限がある土地の補正	評価対象土地が、接道義務が満たされない等の理由により建物の建築に制限を受ける場合に減価を行うもの
地積過小土地補正	評価対象土地の登記地積が25平方メートル未満であり、標準的な土地に比べて利用効率が低い場合に減価を行うもの。なお、他の土地と一体的な利用をしている等の場合は、利用効率が低いとは認められない

（出所）藤沢市ホームページ

3 所要の補正が必要な具体例

上記のうち、所要の補正が必要な具体例として、地積が過小な土地について以下でみていきます。

〔事例〕地積過小地に対する所要の補正

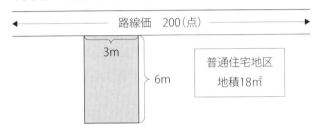

上記の土地の地積は18㎡しかなく、単独では建物の建築が困難であるなど利用効率が低いため、一定の減価が必要となります。所要の補正による減価率がどの程度であるかは、地域の実情を考慮に入れて個別に判断することになりますが、仮に20％の減価が妥当であるとする場合には、以下のように評価することとなります。

＜地積過小地1㎡当たりの評点数の算定＞

200（点）×0.95（奥行価格補正率）×0.90（間口狭小補正率）×0.8（所要の補正）＝136（点）

＜評点数の算定＞

136（点）×18㎡（地積）＝2,448（点）

地積過小地に対する所要の補正については、市町村役場に所有者からその旨の申出を行うことが必要な場合があります。例えば、藤沢市に関し、当該申出に係る申請書の記載例を示すと次頁のようになります。

○固定資産税・都市計画税 申出書（藤沢市）

固定資産税・都市計画税	□実 測 課 税 □評 価 分 割 ■（地積過小土地補正　）	申出書

2015 年　10 月　10 日

藤沢市長

申出者		
	住所（所在地）	藤沢市藤沢 1－1
	氏名（名 称）	加藤　太郎　　　　　　　　印
		所有者との関係 ☑本人 □代理人
		（代理人の場合は委任状が必要）
	電話（連絡先）	0466－35－××××

所 有 者	住所（所在地）〒251-001×　藤沢市藤沢 1－1
	氏名（名 称）　　　加藤　太郎

	土 地 の 所 在 地 番	地 目	地 積	分割番号
対象土地	<適用前>			
	藤沢市 藤沢 1－1	□登記 宅地 ☑現況	☑登記　18.00 ㎡ □現況	
	藤沢市	□登記 □現況	□登記　　　　㎡ □現況	
	<適用後>			
	藤沢市	□登記 □現況	□登記　　　　㎡ □現況	
	藤沢市	□登記 □現況	□登記　　　　㎡ □現況	
	藤沢市	□登記 □現況	□登記　　　　㎡ □現況	
	藤沢市	□登記 □現況	□登記　　　　㎡ □現況	

申出理由	□実測した現況地積が登記簿地積と異なるため 　※隣接土地所有者の同意が得られ次第、登記地積を更正する手続きを行います。 □一筆の中で利用状況が相当に異なるため ☑（ 地積 18.00 ㎡と 25 ㎡未満であり、有効利用できないため　）
添付書類	□案内図　□公図の写し　□測量図　□委任状　□その他（　　　　　　　　）

※上欄、太枠内のみご記入下さい。

〔現況調査日〕　　　　年　　月　　日	〔調査結果〕	〔調査員〕
□実測課税　　　　　　□適当である		
□評価分割　　が		
□その 他　　　　　　□適当でない		

以上のとおり決定してよろしいでしょうか。	参事	主幹	補佐	主査	担当
起案日	・　・				
決裁日	・　・				

第2章　土地および家屋の固定資産税

2-28

登記簿に登記されているものの存在が不明な土地にも固定資産税は課されますか？

先日父親が亡くなり、田舎の土地を相続しました。その中に、登記簿に登記されてはいるものの、現地に行ってみてもその存在が不明な土地があります。このような土地にも固定資産税が課されるのでしょうか、教えてください。

実在が確認できない土地は、評価もできないことから、仮にそれが土地登記簿ないし土地補充課税台帳に登記等されていたとしても、固定資産税が課されることはないもの考えられます。

＜解説＞

1　固定資産税の課税客体と納税義務者

　固定資産税の課税客体は固定資産であり、具体的には土地、家屋及び償却資産となります（地法341一、342①）。

　さらに、固定資産税の納税義務者は固定資産の所有者であり（地法343①）、土地の場合その所有者は、登記簿又は土地補充課税台帳に所有者として登記又は登録されている者です（地法343②）。

2　実在が確認できない土地に対する課税

　ご質問のような、登記簿に登記はされてはいるものの、実在が確認できない土地に対する固定資産税の課税ができるか否かについては、以下の理由から困難であると考えられます。

　①　登記簿に登記はされてはいるものの、実在が確認できない土地については、課税の前提となる評価ができないため、事実上課税は困難である。

　②　固定資産税の課税客体は固定資産であり、具体的には土地等を指すこととなるが、文理解釈上、課税客体が存在しない場合には課税もできないと考えられる。

　③　地方税法におけるいわゆる「台帳課税主義（固定資産課税台帳に所有者として登録されている者を納税義務者とすること）」は、固定資産が実在することを前提としており、実在しない固定資産についてまで課税しようという趣旨ではないと考えられる。

　なお、市町村長は、土地登記簿に登記されている事項が事実と異なるため、課税上支障があると認められるときには、当該土地の所在地を管轄する登記所に登記されている事項の修正その他の措置を採るべきことを申し出ることができるものとされています（地法381⑦）。

2-29

平成27年度税制改正で空家対策がなされたと聞きましたが？

近年、居住者のいない空家が増加し、そのまま放置すれば倒壊の危険や治安悪化につながる恐れがあることが問題となっています。それに関し政府が行った空家対策の一環として、平成27年度の税制改正で固定資産税の見直しが行われたと聞きましたが、その内容について教えてください。

近年問題となっている空家問題に対応するため、2015年5月に空家対策特別措置法が施行されていますが、その中で、危険な空家が放置されている場合、固定資産税を最大6倍にしてその処分等を促すような措置も講じられています。

＜解説＞

1　空家問題とは

　ご質問のとおり、近年、わが国において居住者のいない空家が増加しており、そのまま放置すれば倒壊の危険や治安悪化につながる恐れがあることが問題となっています。総務省の調査では以下のとおり、住宅に占める空家率は年々増加しており、1983年には8.6％だったものが、2013年には13.5％にまで上昇しており、空家の総数は全国で820万戸にも上るということです。

○種類別の空家数の推移

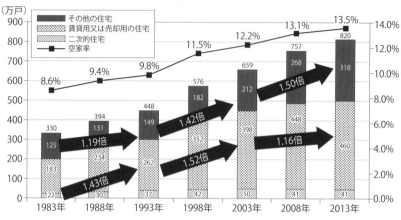

（出所）総務省「住宅土地統計調査」

　これに対し、自治体レベルでも対策に乗り出しています。空家対策の条例は、所沢市で制定されたもの（所沢市空き家等の適正管理に関する条例（平成22年10月1日施行））を皮切りに、以下の表のような内容を持つ条例が全国で制定されています。

○全国の主な空家対策条例

埼玉県所沢市 （全国初の条例）	▶所有者に対し、適正な管理を指導、勧告。従わない場合は、氏名の公表も
東京都足立区	▶所有者が、指導・勧告に従った場合、一定の助成制度あり
大阪府和泉市	▶行政が所有者に管理に関する助言と指導を行い、従わない場合は命令も
和歌山市	▶管理不全を解消するために、警察など必要機関に協力を要請することが可能
松江市	▶指導・勧告・命令に従わない場合は、過料と氏名公表の罰則あり
鹿児島市	▶所有者から要請があれば、バリケードなどの器具の貸し出しなど必要な支援も可能

（出所）2015年5月23日付産経新聞

　さらに、全国的に問題となっている空家問題に政府レベルで対応するた

め、2015年5月に空家対策特別措置法（空家等対策の推進に関する特別措置法）が施行されています。同年10月には神奈川県横須賀市で、老朽化による倒壊の恐れがあるとして、同法に基づく全国で初めての空家の取り壊し（行政代執行）がなされたという報道がありました[注30]。

2　空家対策特別措置法に基づく税制上の措置

　家屋の敷地の所有者が居住せず、賃貸にも出さないで放置しておく理由の一つとして指摘されてきたのが、固定資産税の住宅用地に対する課税標準の特例措置でした。すなわち、家屋の敷地には固定資産税が課されるため、仮に居住しない場合には放置せず賃貸に出すなど有効活用するのが通常ですが、固定資産税は住宅用地に対する特例措置により、その課税標準が最大で6分の1に圧縮されるため（Q2−18参照）、税額がそれほど負担にならず、賃貸に出す煩わしさを避け空家のまま放置するという現象がみられるということがありました。

　そこで、平成27年度の税制改正で、空家対策特別措置法第14条第1項の規定により、所有者等に対して同法の規定による必要な措置が勧告された、同法第2条第2項に規定する特定空家等の敷地の用に供されている土地については、平成28年度以後の年度分の固定資産税から、「住宅用地に係る課税標準の特例措置」の適用対象から外されることとなりました（地法349の3の2①、平成27年地法附則17③）。

　その結果、従来小規模住宅用地に該当し課税標準が6分の1に圧縮されていた土地は、その適用がなくなるため、固定資産税の税額が6倍になります。

　なお上記の「特定空家等」とは、周辺の生活環境の保全を図るために放置することが不適切な状態にある空家等をいうものとされています。

注30　2015年10月26日テレビ朝日のニュース報道。

2-30

宅地等に対する税負担の調整措置とは？

商業地や住宅用地については、地域により評価額と課税標準額との間の乖離に基づく負担水準のバラつきがあるそうですが、これを是正する措置が採られているそうです。この税負担の調整措置について教えてください。

地域や土地による固定資産税の負担水準のばらつきを均衡化し是正するため、負担水準の高い土地は税負担を引下げ又は据え置き、負担水準の低い土地はなだらかに税負担を引き上げていく措置が採られていますが、これを宅地等に対する税負担の調整措置といいます。

＜解説＞

1　税負担の調整措置導入の背景

　平成6年度に固定資産税に関するいわゆる「7割評価」が実施されましたが、それまで評価水準が市町村ごとにバラバラであり、また、評価額の急激な上昇による税負担の急増を抑える負担調整措置も採られていたため、地域や土地による固定資産税の負担水準のばらつきが生じていました。
　そのため、このような固定資産税の負担水準のばらつきを均衡化し是正するため、負担水準の高い土地は税負担を引下げ又は据え置き、負担水準の低い土地はなだらかに税負担を引き上げていく措置が採られていますが、これを「宅地等に対する税負担の調整措置」といいます。

第2章　土地および家屋の固定資産税

2　住宅用地に対する税負担の調整措置

平成27年度から29年度までの各年度分に関する住宅用地に係る負担調整措置は、以下のとおり計算します（地法附則18①③）。

①　本則課税による固定資産税額の計算

{当該年度分の価格×住宅用地に係る課税標準の特例割合（1／3又は1／6）}×税率

②　宅地等調整固定資産税額の計算

{前年度分の課税標準額＋当該年度分の価格×住宅用地に係る課税標準の特例割合（1／3又は1／6）×5％}×税率

③　上記①と②の比較

①＞②の場合、②すなわち「宅地等調整固定資産税額」の適用があり、その額をもってその年度分の固定資産税の額とします。

ただし、「宅地等調整固定資産税額」には以下の下限があり、②が以下の「下限とされる宅地等調整固定資産税額」に満たない場合には、当該「下限とされる宅地等調整固定資産税額」が「宅地等調整固定資産税額」となります。

> 下限とされる宅地等調整固定資産税額
> 　＝{当該年度分の価格×住宅用地に係る課税標準の特例割合
> 　（1／3又は1／6）×0.2}×税率

一方、①＜②の場合には、①すなわち「本則課税による固定資産税額」をもってその年度分の固定資産税の額とします。

3　商業地等に対する税負担の調整措置

商業地等[注31]に対する税負担の調整措置は、以下の3つの類型に分類で

注31　宅地等のうち住宅用地以外の宅地及び宅地比準土地をいいます（地法附則17四）。

151

きます（地法附則18）。

① 負担水準が0.6未満の場合

ア．本則課税による固定資産税額の計算

{当該年度分の価格}×税率

イ．宅地等調整固定資産税額の計算

{前年度分の課税標準額＋当該年度分の価格×5％}×税率

ウ．上記アとイの比較

ア＞イの場合、イすなわち「宅地等調整固定資産税額」の適用があり、その額をもってその年度分の固定資産税の額とします（地法附則18①）。

ただし、「宅地等調整固定資産税額」には以下の上限（A）及び下限（B）があり、イ＞Aの場合には、当該A「上限とされる宅地等調整固定資産税額」が「宅地等調整固定資産税額」となります（地法附則18②）。

上限とされる宅地等調整固定資産税額（A）

＝{当該年度分の価格×0.6}×税率

下限とされる宅地等調整固定資産税額（B）

＝{当該年度分の価格×0.2}×税率

また、イ＜Bの場合には、当該B「下限とされる宅地等調整固定資産税額」が「宅地等調整固定資産税額」となります（地法附則18③）。

② 負担水準が0.6以上0.7以下の場合

この場合には、平成27年度から平成29年度までの各年度分の固定資産税についてその税額を据え置き、以下の算式により求めた「商業地等据置固定資産税額」をもってその年度分の固定資産税の額とします（地法附則18④）。

商業地等据置固定資産税額
　＝当該商業地等の前年度分の課税標準額×税率

③　負担水準が0.7超の場合

　この場合には、平成27年度から平成29年度までの各年度分の固定資産税について、その税額を負担水準が0.7とした場合の税額まで引き下げ、以下の算式により求めた「商業地等調整固定資産税額」をもってその年度分の固定資産税の額とします（地法附則18⑤）。

商業地等調整固定資産税額＝{当該年分の価格×0.7}×税率

Q 2-31

住宅用地に対して課される固定資産税の計算事例は？

設例に基づき、住宅用地に対して課される固定資産税に関する、具体的な計算方法を教えてください。

〔設例〕
　以下の土地に対して課される平成28年度分の固定資産税額を計算してください。なお、税率は1.4％（標準税率）とします。
- 地目は宅地、地積は住宅用地400㎡である。
- 平成27年度課税標準額は以下のとおりである。

項目	地積	金額
住宅用地（小規模住宅用地）	200㎡	360万円
住宅用地（一般住宅用地）	200㎡	800万円

- 平成28年度分の価格は8,000万円である。

住宅用地に対して課される固定資産税については、以下のように計算されます。

第2章　土地および家屋の固定資産税

＜解説＞

1　課税標準額の計算

① 小規模住宅用地

ア．平成28年度分の価格

$80,000,000円 \times \dfrac{200㎡}{400㎡} = 40,000,000円$

イ．本来の固定資産税額（本則課税）

$40,000,000円 \times \dfrac{1}{6} = 6,666,666円$（１円未満切捨）

$6,666,666円 \times 1.4\% = 93,333円 \cdots A$

ウ．宅地等調整固定資産税額

$(3,600,000円 + \underbrace{40,000,000円 \times \dfrac{1}{6} \times 0.05)}_{１円未満切捨} \times 1.4\% = 55,066円 \cdots B$

１円未満切捨

A＞B　∴宅地等調整固定資産税額の適用がある。

$\underbrace{40,000,000円 \times \dfrac{1}{6} \times 0.2}_{１円未満切捨} \times 1.4\% = 18,666円 \cdots C$（下限とされる宅地等調整固定資産税額）

B＞C　∴宅地等調整固定資産税額 ＝ 55,066円

エ．小規模住宅用地に係る平成28年度分の課税標準額

$3,600,000円 + \underbrace{40,000,000円 \times \dfrac{1}{6} \times 0.05}_{１円未満切捨} = 3,933,333円$（１円未満切捨）

② 一般住宅用地

ア．平成28年度分の価格

$80,000,000円 \times \dfrac{200㎡}{400㎡} = 40,000,000円$

155

イ．本来の固定資産税額（本則課税）

$40,000,000円 \times \dfrac{1}{3} = 13,333,333円（1円未満切捨）$

$13,333,333円 \times 1.4\% = 186,666円 \cdots A$

ウ．宅地等調整固定資産税額

$\underbrace{(8,000,000円 + \underbrace{40,000,000円 \times \dfrac{1}{3} \times 0.05}_{1円未満切捨})}_{1円未満切捨} \times 1.4\% = 121,333円 \cdots B$

A＞B　∴宅地等調整固定資産税額の適用がある。

$\underbrace{40,000,000円 \times \dfrac{1}{3} \times 0.2}_{1円未満切捨} \times 1.4\% = 37,333円 \cdots C$（下限とされる宅地等調整固定資産税額）

B＞C　∴宅地等調整固定資産税額＝121,333円

エ．一般住宅用地に係る平成28年度分の課税標準額

$8,000,000円 + \underbrace{40,000,000円 \times \dfrac{1}{3} \times 0.05}_{1円未満切捨} = 8,666,666円（1円未満切捨）$

2　平成28年度分の固定資産税額

$\underbrace{(3,933,333円 + 8,666,666円)}_{千円未満切捨} \times 1.4\% = 176,386円 \Rightarrow \underline{176,300円}（百円未満切捨）$

2-32

商業地に対して課される固定資産税の計算事例は？

設例に基づき、商業地に対して課される固定資産税に関する、具体的な計算方法を教えてください。

〔設例〕
　以下の土地に対して課される平成28年度分の固定資産税額を計算してください。なお、税率は1.4％（標準税率）とします。
- 地目は宅地、地積は商業地500㎡である。
- 平成27年度課税標準額は4,000万円である。
- 平成28年度分の価格は1億円である。

商業地に対して課される固定資産税については、以下のように計算されます。

＜解説＞

1　課税標準額の計算
　①　本来の固定資産税額（本則課税）
　　100,000,000円×1.4％＝1,400,000円…A

② 宅地等調整固定資産税額

（40,000,000円＋100,000,000円×0.05）×1.4％＝630,000円…B

1円未満切捨

1円未満切捨

A＞B ∴宅地等調整固定資産税額の適用がある。

100,000,000円×0.6×1.4％＝840,000円…C（上限とされる宅地等調整固定資産税額）

1円未満切捨

100,000,000円×0.2×1.4％＝280,000円…D（下限とされる宅地等調整固定資産税額）

1円未満切捨

C＞B＞D ∴宅地等調整固定資産税額＝630,000円

③ 商業地等据置固定資産税額

$$平成28年度の負担水準＝\frac{40,000,000円}{100,000,000円}＝0.4$$

負担水準が0.6以上0.7以下ではないため、商業地等据置固定資産税額の適用はない。

④ 商業地等調整固定資産税額

上記③より、負担水準が0.7を超えないため、商業地等調整固定資産税額の適用はない。

⑤ 商業地に係る平成28年度分の課税標準額

40,000,000円＋100,000,000円×0.05＝45,000,000円（1円未満切捨）

1円未満切捨

2 平成28年度分の固定資産税額

45,000,000円×1.4％＝630,000円⇒630,000円（百円未満切捨）

千円未満切捨

第2章　土地および家屋の固定資産税

2-33

条例による固定資産税額の減額措置とは？

バブル崩壊後長らく土地の価格が下がる時期が続きましたが、最近都市部では上昇傾向にあるという報道も聞くところです。ところで、土地の価格、中でも商業地の価格が急激に上昇した場合、固定資産税の税負担もそれに合わせて上昇することが懸念されますが、そのような場合、条例により固定資産税を減額する制度があるということを聞きました。これはどのような制度なのでしょうか、教えてください。

地価の急激な上昇に伴う固定資産税の税額の上昇を抑制するため、当該年度の固定資産税の税額が、その前年度の税額に条例で定める割合を乗じた額を超える場合には、その超える額を減額する制度があります。

＜解説＞

1　条例減額制度の概要

　ご質問のとおり、バブル崩壊後長らく土地の価格が下がる時期が続きましたが、最近都市部では上昇傾向にあるという報道も聞くところです。例えば、2015年9月16日に国土交通省が発表した「平成27年都道府県地価調査」によれば、全国平均では、商業地が0.5％、住宅地は1.0％、それぞれ値下がりしたものの、東京、大阪、名古屋の三大都市圏の商業地は2.3％、住宅地は0.4％値上がりしているとのことです。

159

そのため、東京オリンピックを控え場所によっては、地価の急激な上昇に伴う固定資産税の税額の上昇も懸念されるところですが、それを抑制するため、当該年度の固定資産税の税額が、その前年度の税額に条例で定める割合を乗じた額を超える場合には、その超える額を減額する制度（条例減額制度）があります。

2　条例減額制度の内容

　以下の①と②の固定資産税の税額を比較し、①＞②の場合には、その差額相当分の税額が減額されます。

　①　当該年度分の固定資産税額（課税標準額×税率）
　②　前年度分の課税標準額に1.1以上の割合で市町村の条例で定める割合を乗じて得た額を課税標準額とした場合における税額（前年度課税標準額×条例で定める割合×税率）

　上記②のうち、「1.1以上の割合で市町村の条例で定める割合」は、例えば東京23区の場合、1.1とされています（都税条例附則第15条の3）。

　以下の事例により減額分の計算方法を見ていきます。

〔事例〕
● 平成27年度の商業地の価格：100,000,000円
● 平成27年度の商業地の課税標準額：45,000,000円
● 平成28年度の商業地の価格：100,000,000円
● 税率：1.4％
● 条例で定める割合：1.1
　平成28年度の商業地の課税標準額
　　＝45,000,000円＋（100,000,000円×5％）＝50,000,000円
　負担水準＝45,000,000円÷100,000,000円＝45％
　　⇒負担水準が0.6以上0.7以下ではないため、商業地等据置固定資産税額の適用はない

当該年度分の固定資産税額：50,000,000円×1.4％＝700,000円…A

前年度課税標準額×条例で定める割合×税率

   ＝45,000,000円×1.1×1.4％＝693,000円…B

A＞B ∴条例減額分＝700,000円－693,000円＝7,000円

3　都市計画税の条例減額制度

都市計画税についても、同様の条例減額制度があります（地法附則27の4の2）。なお、都市計画税についての「条例で定める割合」は、東京都の場合、都税条例附則第20条の3で1.1とされています。

Q 2-34

車庫は固定資産税の課税客体である家屋に該当しますか？

このたび一戸建ての自宅を取得しましたが、その敷地には、以下の図のような傾斜地を利用した自動車を複数台止めることができる堀車庫（入口にシャッター付）を設置しています。このような車庫は固定資産税の課税客体である家屋に該当するのでしょうか、教えてください。

＜堀車庫の断面図＞

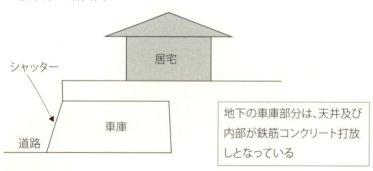

車庫が固定資産税の課税客体である家屋に該当するかどうかは、外気分断性が判断基準となり、それは屋根及び三方向以上の壁があることを意味しますが、入口にシャッターが付いた堀車庫は、構造上、屋根及び三方向以上の壁があると考えられますので、固定資産税の課税客体である家屋に該当するものと考えられます。

第2章　土地および家屋の固定資産税

＜解説＞

1　固定資産税の課税客体である家屋

　固定資産税の課税客体である家屋は、原則として不動産登記法上の建物に該当するものとなります。不動産登記法上の建物とは、同規則により、以下の3要件に該当することが必要となります（不動産登記規則111）。

　①　外気分断性（屋根及び周壁等）

　　建物は屋根及び周壁など、外気を分断するものを有することが必要となります。

　②　定着性（永続的に土地に定着していること）

　　建物は土地の定着物であり（民法86①）、物理的に固着し、永続的に定着して使用されていることが必要となります。

　③　用途性（目的に見合った用途に供し得る状態であること）

　　建物は一定の利用目的を持って建築されるものであることから、その目的に見合った用途に供し得る状態であることが必要となります。

2　車庫と外気分断性

　車庫が固定資産税の課税客体である家屋に該当するかどうかは、**1**の3要件のうち特に「外気分断性」が判断基準となります。車庫について当該「外気分断性」を判断する場合、屋根に加え、少なくとも三方に周壁があることにより、独立して風雨をしのげることが条件になるものと考えられます。

　ご質問の入口にシャッターが付いている堀車庫は、構造上、屋根（天井部分は鉄筋コンクリートの構造となっているものと考えられる）及び三方向以上の壁（地下部分の両側と裏面は壁と認定できる）があると考えられますので、固定資産税の課税客体である家屋に該当するものと考えられます。

163

Q 2-35

自宅敷地に設置したプレハブの子供用勉強部屋は固定資産税の課税客体である家屋に該当しますか？

私はある地方都市に居住していますが、自分名義の自宅敷地に子供用の勉強部屋としてプレハブ構造の小型ハウスを設置しました。このようなプレハブの子供用勉強部屋についても、固定資産税の課税客体である家屋に該当するのでしょうか、教えてください。

子供用の勉強部屋として設置したプレハブ構造の小型ハウスであっても、ブロック基礎を施工するなど永続的に土地に固着していると判断できるものについては、固定資産税の課税対象となるものと考えられます。

＜解説＞

1　固定資産税の課税客体である家屋

　Q2-34でみたとおり、固定資産税の課税客体である家屋は、原則として不動産登記法上の建物に該当するものとなり、不動産登記法上の建物とは、同規則により、「外気分断性」、「定着性」及び「用途性」の3要件に該当することが必要となります。

　ご質問の子供用の勉強部屋として設置したプレハブ構造の小型ハウスについては、上記3要件のうち、「外気分断性」及び「用途性」の両要件については満たしているものと考えられます。

第2章　土地および家屋の固定資産税

2　プレハブと「定着性」要件

　したがって、以下では残りの「定着性」要件に該当するかどうかを検討します。土地への定着性とは、建物が土地に物理的に固着し、永続的に定着して使用されていることを意味します。したがって、プレハブを単に地面やコンクリートの上に置いてある状態では、「家屋」とは認定されません。

　しかし、子供用の勉強部屋として設置したプレハブ構造の小型ハウスであっても、ブロック基礎を施工するなどして、本体部分と基礎部分とが連結され容易に取り外すことができない場合など、永続的に土地に固着していると判断できるものについては、「定着性」要件に該当し、固定資産税の課税対象となるものと考えられます。

165

Q 2-36

取り壊しを前提に売買した家屋についても固定資産税は課されますか？

私は昨年末に自宅を建設する目的で、建物付きの土地を購入しました。この建物は築40年を超えている空家で、設備もデザインも古いので、取り壊して新しい建物を建築する前提で購入したものです。当該建物の取り壊し工事は昨年12月に開始しましたが、すぐにお正月となったため、今年の1月1日時点では、取り壊し工事は未だ完了していません。このような場合、当該建物について固定資産税は課されるのでしょうか、教えてください。

家屋に関し、取り壊し作業中で完全には取り壊しが完了していない場合であっても、家屋認定の3要件のいずれかを満たしてない場合には、当該家屋は滅失したものとして取扱い、固定資産税は課されないものと考えられます。

＜解説＞

1　家屋の滅失

　家屋や建物の「滅失」とは、一般に、家屋が朽廃、焼失、倒壊、取壊し等により、社会通念上家屋とはいえない状態になることをいいます。
　不動産登記法においては、建物が滅失したときは、表題部所有者又は所有権の登記名義人は、その滅失の日から1ヶ月以内に建物の滅失の登記を

申請しなければならないこととされています（不動産登記法57）。

2　固定資産税における家屋の滅失

　一方、固定資産税においては、Q2-34でみたとおり、家屋は、「外気分断性」、「定着性」及び「用途性」の３要件に該当することが必要となります。そうなると、家屋が取り壊しにより上記３要件のいずれかを満たさなくなった場合には、家屋が滅失したものと取扱うのが妥当ではないかと考えられます。

　例えば、一方の壁が重機で完全に崩されていたり、屋根が取り除かれているような場合には、「外気分断性」を満たさないものと考えられます。他方、離れが取り壊されていても、母屋が未だ手つかずで、そこに所有者等が居住しているような場合には、当該母屋は引き続き３要件を満たしているものと考えられます。

　仮に、家屋に関し、取り壊し作業中で完全には取り壊しが完了していない場合であっても、家屋認定の３要件のいずれかを満たしてない場合には、その時点で当該家屋は滅失したものとして取扱い、固定資産税も課されないものと考えられます。

　また固定資産税は、賦課期日である１月１日時点の固定資産の所有者に対して課税されるものですから、賦課期日現在において家屋が滅失し、又は滅失状態にある場合には、その家屋は固定資産税の課税客体とはならず、固定資産税は課されないものと考えられます。

167

Q 2-37

未登記の家屋にも固定資産税は課されますか？

固定資産税は、登記簿に所有者として登記されている者に対して課される税金のようですが、それでは、未登記の家屋の場合固定資産税は課されるのでしょうか、教えてください。

未登記の家屋であっても、家屋認定の3要件のいずれも満たしている場合には、固定資産税が課税されることとなります。

＜解説＞

1　未登記の家屋

　未登記の家屋には、大きく分けて以下の二つの類型があるものと考えられます。

① 　登記所の判断がないもの

　　建物を建築したものの、その所有者が未だ登記していない場合などは、家屋の登記に関し登記所の判断がないものといえます。このような場合、当該未登記の家屋について、市町村が家屋認定の3要件、すなわち、「外気分断性」、「定着性」及び「用途性」の観点から課税客体に該当するか判断することとなります。

② 　登記所に登記不可能と判断されたもの

　　未登記の建物の中には、耐久性や永続性に乏しいビニールハウスや、

用途性を満たさない建築途上の建物のように、登記所が登記不可能な固定資産であると判断したものもあります。

2 登記所の判断がないものの課税

未登記の家屋については、市町村が家屋認定の3要件、すなわち、「外気分断性」、「定着性」及び「用途性」の観点から判断し、既に完成済の建物など、そのいずれの要件をも満たす場合には、当該家屋を固定資産税の課税客体であると認定するものと考えられます。その場合、基本的に市町村は、未登記であっても当該家屋について固定資産税を課することとなりますが、その固定資産が家屋であるかどうか判断に迷うケースについては、その家屋の所轄登記所の意見を徴した上で課税の妥当性が判断されるものと考えられます。

なお、完成した建物であっても、賦課期日において未登記の場合、市町村役場が建物の完成を把握するのは賦課期日よりもだいぶ後になるのが実情です。未登記の建物であっても、完成しているものは固定資産税の課税対象となるのですから、本来であれば、市町村役場が遅滞なくそれを調査して把握すべきですが、人員等の関係で登記がないと把握できない状態が続いています。この点について争われたのが、後述**4**の裁判例です。

3 登記不可能と判断されたものの課税

登記所が登記不可能な固定資産であると判断した家屋については、原則として固定資産税の課税客体であると認定されることはなく、固定資産税は課されません。

ただし、固定資産税の賦課期日（1月1日）をはさんで相当期間（概ね1年以上）存在している仮設の建築物については、他の家屋との課税の均衡上、固定資産税の課税客体であると認定されます（昭28.7.10自丙税発第145号「仮設建物に対する固定資産税の賦課について」参照）。

169

4　未登記の建物に対する固定資産税課税を巡る裁判例

　未登記の建物に対する固定資産税課税を巡る裁判例として、最近判決が出されたものに次のようなものがあります。

　事実関係としては、2009年12月に埼玉県坂戸市内に自宅を新築したものの、賦課期日である翌年1月1日の時点では登記していなかった所有者が、2010年10月に「2009年12月に新築」と遡って登記したケースで、坂戸市役所が2010年12月に2010年度の固定資産税を課税したところ、所有者が「当該課税は違法である」として処分の取り消しを求めたものです。

○事実関係の時系列

　一審のさいたま地裁は、「固定資産税を賦課する段階において、登記簿又は家屋補充課税台帳の記載を基準として所有者を判定すれば足りるのであり、所有者判定の基準としての登記名義人課税の原則が、賦課期日現在において存在する新築家屋について、賦課期日時点で未登記の場合に固定資産税の納税義務を誰も負わないとの趣旨を含むものとまで解することはできない。」として、市役所の課税処分を適法としました（さいたま地裁平成24年1月25日判決・TAINS Z999-8333）。

　一方控訴審の東京高裁では、逆に、「家屋については、これを現実に所有している者であっても、賦課期日である1月1日に登記簿又は家屋補充課税台帳に所有者として登記又は登録されていない限り、（地方税法）343条1項及び2項前段の規定に基づいて固定資産税の納税義務を負うことはないというべきである。（カッコ内筆者）」として、市役所の課税処分を違法としました（東京高裁平成24年9月20日判決・TAINS Z999-8334）。

第2章　土地および家屋の固定資産税

　上告審において最高裁は、「土地又は家屋につき、賦課期日の時点において登記簿又は補充課税台帳に登記又は登録がされていない場合において、賦課決定処分時までに賦課期日現在の所有者として登記又は登録されている者は、当該賦課期日に係る年度における固定資産税の納税義務を負うものと解するのが相当である。」とした上で、「被上告人は平成21年12月に本件家屋を新築してその所有権を取得し、本件家屋につき、同22年10月に所有者を被上告人として登記原因を『平成21年12月7日新築』とする表題登記がされ、平成22年12月1日に本件処分がされたものであるから、被上告人は、賦課決定処分時までに賦課期日である同年1月1日現在の所有者として登記されている者として、本件家屋に係る平成22年度の固定資産税の納税義務を負うものというべきである。」として、市役所の課税処分を適法であるとしました（最高裁平成26年9月25日判決・判タ1409号110頁）。

　私見では、一審及び最高裁の判決は、市町村の課税実務に過度に配慮した判示で妥当ではないものと考えています[注32]。

注32　松原有里「家屋に関する固定資産税の納税義務者」『最新租税基本判例70』（日本税務研究センター・2014年）247−250頁も同旨と考えられる。

171

2-38

家屋認定の要件のうちの「用途性」とは何を指しますか？

Q2-34で固定資産税の課税客体である家屋の認定要件が3つあることを知りましたが、そのうち「用途性」の要件が今一つはっきりしません。用途性の内容について教えてください。

固定資産税の課税客体である家屋の認定要件としての「用途性」とは、単にその建物が目的を持って建築されているというだけでは不十分で、一定の用途があり、かつ、その用途に見合った生活空間が確保されているということが必要となります。

＜解説＞

1　用途性とは

　固定資産税においては、Q2-34でみたとおり、課税客体としての家屋は、「外気分断性」、「定着性」及び「用途性」の3要件に該当することが必要となります。

　このうちの「用途性」とは、一般には「一定の目的をもった」ということを意味しますが、建物（家屋）の要件としての「用途性」は、単にその建物が目的を持って建築されているというだけでは不十分です。なぜなら、あらゆる建物が目的を持って建築されるからで、課税要件としては不十分な定義であるといえます。建物（家屋）の要件としての「用途性」とは、

一定の用途があり、かつ、その用途に見合った生活空間が確保されているということが必要となります。このことを「人貨滞留性」ということがあります（昭和31年5月8日民事甲第754号民事局長回答「家屋台帳事務取扱について」）。

2　用途性が問題となるケース

用途性が問題となる具体的なケースを挙げると、以下の例があります。

①　サイロ

北海道などでみられる、穀物、飼料、セメント等を貯蔵するサイロについては、物品の保管・貯蔵という目的を果たし、人貨滞留性があることから、用途性が認められ、固定資産税の課税客体である家屋と取扱われます（昭和35.4.15民事甲第928号民事局長回答、昭和37.6.12民事甲第1487号民事局長回答等）。

②　アーケード付街路

公衆用道路の上に覆うように設置された屋根（アーケード）は、風雨を遮断し、不特定多数の者が濡れずに通行できることを目的とした施設で、特に人貨滞留性があるわけでもないといえます（不動産登記事務取扱手続き準則77②エ）。したがって、用途性は認められず、固定資産税の課税客体である家屋とは取扱われません。

③　高速道路の料金所

高速道路の料金所は、一般に、内部に椅子やレジスター等を備えただけの簡易な係員詰所であり、特に人貨滞留性はないことから、用途性は認められず、固定資産税の課税客体である家屋とは取扱われないものと考えられます。

しかし、仮に料金所に事務所や宿泊所としての機能があり、人貨滞留性が認められる場合には、用途性があり、固定資産税の課税客体である家屋と取扱われるものと考えられます。

173

Q 2-39

土地の相続人が存在しない場合の固定資産税の納税義務者はどうなりますか？

私は税理士ですが、関与先の社長は独身で兄弟も子供もおらず、親や親戚も既に亡くなっています。社長は個人で土地を何筆か保有していますが、仮にこの社長が亡くなった場合、相続人はいないこととなります。このような場合、社長が保有している土地の固定資産税の納税義務者はどうなるのでしょうか、教えてください。

相続人が不存在の場合、相続財産に対して形式的に法人格が与えられ相続財産法人が創成されますが、相続財産の中に土地や家屋があれば、当該相続財産法人が固定資産税の納税義務者となります。

＜解説＞

1　相続人不存在と相続財産法人

　被相続人が死亡した場合、通常、相続人が被相続人の財産を相続することとなりますが、近年、次頁の図のようにわが国において男女とも生涯未婚率が高まっており、いわゆる「おひとりさま」が珍しくないところです。

○わが国における生涯未婚率の推移

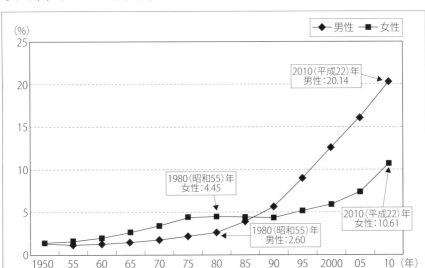

資料：国立社会保障・人口問題研究所「人口統計資料集2013」
注：生涯未婚率は、45～49歳と50～54歳未婚率の平均値であり、50歳時の未婚率。

　そうなると、そのようなおひとりさまが亡くなっても、相続人が存在しないというケースも出てきますが、その場合被相続人の相続財産の行先がどうなるのか気になるところです。民法にはそのような場合の規定があり、相続人が不存在の場合、相続財産の帰属先がないため、一種の財団法人（財産のまとまりで形成された法人）を作って相続財産限りでの清算を行うこととしていますが、この法人を「相続財産法人」といいます[注33]（民法951）。
　相続財産法人が創成されると、家庭裁判所が利害関係人（固定資産税の場合は市町村長）又は検察官の請求によって相続財産管理人を選任し（民法952）、当該管理人が相続財産の清算を行います（民法957）。同時に、公告によって相続人の捜索を行いますが（民法958）、通常相続人は現れませ

注33　内田貴『民法Ⅳ（補訂版）』（東京大学出版会・2004年）456頁。

んので、その場合清算して残余財産は原則として国庫に帰属します（民法959）。

2 相続財産法人と固定資産税の納税義務

相続人不存在で相続財産法人が創成された場合、相続財産中に含まれる土地や家屋に係る固定資産税の納税義務はどうなるのでしょうか。これは、被相続人の死亡日（相続発生の日）が賦課期日である1月1日より前か後かにより多少異なります。

① 死亡日が賦課期日よりも前の場合

固定資産税の納税義務者は、所有者として登記又は登録されている個人が賦課期日前に死亡しているときには、賦課期日において当該土地又は家屋を現に所有している者とされています（地法343②）。本件のように相続人が不存在の場合においては、「現に所有している者」は相続財産法人ですので、相続財産法人が固定資産税の納税義務者となります。

② 死亡日が賦課期日よりも後の場合

賦課期日において存命だった被相続人が賦課期日後に亡くなった場合、相続財産法人が被相続人の地方税に係る納税義務を承継します（地法9①）。したがって、死亡日が賦課期日よりも後の場合には、相続財産法人が被相続人の固定資産税の納税義務を承継します。

3 納税通知書の送達

固定資産税の納税通知書は、相続財産管理人が既に選任されている場合には、当該管理人に対して送達することとなりますが、相続財産管理人が未選任の場合には、公示送達することとなります（地法20の2①）。

2-40

倍率地域に存する無道路地の固定資産税評価額が高いようですが？

私は数年前、亡くなった母親から土地を数筆相続しましたが、そのうちの一筆がいわゆる無道路地でした。相続時の相続税の申告に関しては、税理士に依頼していたので分からなかったのですが、今年の固定資産税の納税通知書の金額が思いのほか大きいので、何かおかしいのではないかと感じています。何か私の疑問を解消する手段はないでしょうか、教えてください。

市町村の行っている固定資産税の評価に関し、無道路地に係る補正を行っていない可能性があるため、その土地の前面道路に付されている固定資産税の路線価と固定資産税評価額の1㎡当たりの単価とを比較する必要があるものと考えられます。

<解説>

1　倍率地域に所在する無道路地

　相続税に係る土地の評価については、その土地がいわゆる倍率地域に存する場合、相続税評価額は固定資産税評価額に評価倍率を乗じて求めることとなります（評基通21－2）。倍率地域に所在する土地の評価は、路線価地域の土地の評価と比較して簡単であるため、税理士としてもあまり内容

を確認することなく相続税の申告を行ってしまう傾向にありますが、無道路地のような補正が必要な土地の場合、注意が必要です。

すなわち、無道路地に付された固定資産税評価額自体に無道路地に係る補正がなされていれば問題ないのですが、補正が行われていない可能性もあるのです。

2　無道路地の評価額が高いか否かの判断基準

それでは、無道路地の固定資産税評価額が高いか否かの判断基準は、どういうものなのでしょうか。以下の二つの価格を比較することにより概ね判断できるものと考えられます。

①　無道路地の前面道路に付されている固定資産税の路線価

②　無道路地の固定資産税評価額の1㎡当たりの単価

仮に②が①よりも相当低ければ、無道路地としての補正がなされていると判断してよいものと考えられますが、①と②にほとんど差がない場合には、補正がされていない可能性が高いと考えられます。

もし後者の場合には、早急に市町村役場の固定資産税担当部署に赴き、評価の妥当性について確認することが必要であると考えられます。

2-41

賦課期日後に死亡した被相続人の土地につき相続人が相続放棄した場合、相続人に対して固定資産税は課されますか？

平成27年5月10日に私の父親が亡くなりましたが、その相続人である私とその母は、父親の借金が多額であるため相続放棄をしました。ところが父親名義の土地につき、その土地の所在する市から父親宛てに平成27年度の固定資産税に係る納税通知書が送付されてきました。このような場合、父親の土地に係る固定資産税を相続放棄した相続人が支払う義務があるのでしょうか、教えてください。

賦課期日後に死亡した被相続人の土地につき相続人全員が相続の放棄をした場合、相続人が不存在となりますが、その場合には相続財産法人が成立し、当該法人が被相続人の納税義務を承継しますので、相続人は固定資産税を納付する義務はないものと考えられます。

＜解説＞

1 相続の放棄があった場合

　固定資産税の賦課期日後に被相続人が死亡し、その相続人全員が相続の放棄をした場合には、相続人が不存在となります。このとき、民法上、被相続人の相続財産は法人（相続財産法人）とされます（民法951、Q2-39参

照)。

また、相続財産法人の財産を管理するため、家庭裁判所は利害関係人又は検察官の請求によって相続財産管理人を選任します（民法952①）。

2　被相続人宛ての納税通知書の納付義務

本件のように、被相続人が保有する土地につき、被相続人の死亡後にその土地の所在する市から被相続人宛てに固定資産税に係る納税通知書が送付されてきた場合、当該固定資産税は果たして誰が納付する義務があるのかが問題となります。

市が被相続人の死亡を知らず、また相続放棄をも知らず当該被相続人宛てに納税通知書の送付を行っている場合、相続人が不存在であるため、すべての相続人に対して地方団体の徴収金がなされたとはいえず（地法9の2④）、地方団体の徴収金が未だ確定していないということになります（地法13の2②一）。したがって、市は地方団体の徴収金を確定するため納税の告知をする必要がありますが、その相手方は相続財産法人の管理人（相続財産管理人）ということになります。

相続財産管理人は相続財産の清算を行い、その中で被相続人に課された固定資産税の弁済を行います。ただし、仮に全額弁済を行うことができない場合には、市は地方税法第15条の7第5項の規定により、その残額の納税義務を消滅させることができます。

上記のとおり、相続財産法人が被相続人の納税義務を承継しますので、相続放棄した相続人は固定資産税を納付する義務はないものと考えられます。

第2章　土地および家屋の固定資産税

 2-42

家屋に関し自治体により経年減点補正率が異なるのでしょうか？

私はある企業で経理を担当していますが、私の理解では、家屋の評価額は、3年毎の評価替えにおいて、再建築費評点数と経年減点補正率とを乗じて算出されると考えています。ところで、わが社は全国的に家屋を所有していますが、自治体により経年減点補正率の適用ルールが異なるのではないかと感じています。経年減点補正率は再建築費評点数と同様に総務省が示す計数で全国一律であると考えていますが、自治体により適用ルールが異なるというようなことがあるのでしょうか、教えてください。

家屋の評価額は、3年毎の評価替えにおいて、再建築費評点数と経年減点補正率とを乗じて算出されますが、このうち経年減点補正率の適用ルールは自治体により異なるのが実情です。

＜解説＞

1　家屋の評価額

①　新築家屋の評価額

新築家屋の評価額は以下の算式により求められます（固定資産評価基準第2章第1節二）。

> 評価額＝評点数×評点1点当たりの価額

181

また、評点数は以下の算式により求められます。

> 評点数＝再建築費評点数×損耗の状況による減点補正率

　上記算式の「損耗の状況による減点補正率」には、経年減点補正率と損耗減点補正率があります。

　さらに、評点数は需給事情により更なる減点補正がなされる場合があります（需給事情による減点補正率の適用）。

② 在来家屋の評価額

　在来家屋の評価額は、①の方法により評価しますが、上記のうちの「再建築費評点数」は以下の算式により求めることとなります（固定資産評価基準第2章第2節四）。

再建築費評点数（在来家屋）	＝	前基準年度に適用した固定資産評価基準により求めた再建築費評点数	×	再建築費評点補正率（木造家屋1.06、非木造家屋1.05）

2　経年減点補正率の適用ルール

　上記**1**で見たとおり、家屋の評価額（評点数）は、3年毎の評価替えにおいて、再建築費評点数と経年減点補正率とを乗じて算出されますが、このうち経年減点補正率の適用ルールは自治体により異なるのが実情です。

　それが顕著に表れるのが事務所ビルのような家屋です。例えば、地上20階地下2階建てのビルで、用途は地上部分が事務所、地下部分が店舗、構造は地上部分が鉄骨造、地下部分が鉄骨鉄筋コンクリート造の場合、自治体により以下のように経年減点補正率と耐用年数の適用が異なるケースが生じ得ることとなります。

① 用途・構造とも面積按分による場合

区分	用途	構造	耐用年数
地下部分A	事務所	鉄骨造	45年
地下部分B	店舗	鉄骨鉄筋 コンクリート造	50年

② 用途・構造とも主たるものの面積による場合

区分	用途	構造	耐用年数
地下部分A・B	事務所	鉄骨造	45年

　適用される耐用年数が異なる結果、建物の竣工から時が経過するにつれ、固定資産税の評価額及び税額に差異が生じることとなります。上記①②のように経年減点補正率と耐用年数を適用することは、判例上認められていますが、課税の公平の観点からは問題があると言わざるを得ないでしょう。

第3章

償却資産税

3-1

固定資産税の課税対象となる「償却資産」とはどのようなものを指しますか？

固定資産税の課税対象となる固定資産には、「償却資産」というカテゴリーがあるようですが、その他の課税客体である土地・家屋といった不動産ほどなじみがありません。「償却資産」とはどのようなものを指すのでしょうか、教えてください。

固定資産税の課税客体である償却資産は、土地及び家屋以外の事業の用に供することができる固定資産で、その減価償却額又は減価償却費が法人税法又は所得税法の規定による所得の計算上損金又は必要経費に算入されるものをいいます。

＜解説＞

1　固定資産税の課税客体である償却資産

　固定資産税の課税客体である償却資産は、地方税法の規定上、土地及び家屋以外の事業の用に供することができる固定資産（事業用資産）で、その減価償却額又は減価償却費が法人税法又は所得税法の規定による所得の計算上損金（法人税の場合）又は必要経費（所得税の場合）に算入されるもの（いわゆる減価償却資産）をいいます（地法341四）。

　なお、上記に類する資産で、法人税又は所得税を課されない者が所有す

第3章　償却資産税

るものも償却資産に該当します（地法341四カッコ書）。非営利法人等のように法人税又は所得税を課されない者が所有する資産であっても、（有形）減価償却資産は償却資産に該当するわけです。

2　償却資産に該当しない資産

減価償却資産であっても、以下の資産は償却資産に該当しません。

①　無形減価償却資産

鉱業権、漁業権、特許権その他の無形減価償却資産は、償却資産から除かれています（地法341四カッコ書）。

無形減価償却資産が償却資産から除かれているのは、一般に、固定資産税の課税客体は行政サービスと事業活動との受益関係（応益課税の原則）をベースにしているものとされているところ、無形減価償却資産は行政サービスとの受益関係が必ずしも明確ではないことがその根拠とされています。資産の実在性の有無が取扱いの差に表れているものと解することができます。

②　少額償却資産

以下の有形減価償却資産は、「少額償却資産」として償却資産から除かれています（地法341四、地令49）。

ア．耐用年数１年未満又は取得価額が10万円未満の減価償却資産で、法人税法又は所得税法の規定による所得の計算上一時に損金又は必要経費に算入しているもの（少額減価償却資産、法令133、所令138）

イ．取得価額が20万円未満の減価償却資産で、法人税法又は所得税法の規定により一括して３年間で減価償却を行うことを選択したもの（一括償却資産、法令133の２①、所令139①）

ウ．取得価額20万円未満のリース資産（法法64の２①、所法67の２①）

③　自動車税及び軽自動車税の課税対象資産

187

自動車税の課税客体である自動車及び軽自動車税の課税客体である原動機付き自転車、軽自動車、小型特殊自動車及び二輪の小型自動車は、本来は償却資産に該当すべきものですが、自動車税・軽自動車税と固定資産税との二重課税を回避する趣旨により、償却資産から除かれています（地法341四但書）。

④　牛馬、果樹その他の生物

　法人税法及び所得税法上は、牛馬、果樹その他の生物であっても、成熟したものは時の経過とともに減価するため、減価償却資産に該当します。しかし、固定資産税においては、その資産の性格に鑑み、観賞用や興行用に供する生物を除き、原則として課税客体から除外しています（取扱通知（市）第3章5但書）。

第3章　償却資産税

償却資産には申告義務があるのでしょうか？

固定資産税は賦課課税であり、課税する自治体において税額等の計算を行うことから、申告義務がないと理解していました。ところが、償却資産に関しては申告義務があると聞きました。これはどういうものなのでしょうか、教えてください。

固定資産税のうち償却資産については、その所有者が、毎年1月1日現在における償却資産について固定資産の賦課に関し必要な事項を、同年1月31日までに原則として市町村長に申告する義務があります。

＜解説＞

1　償却資産の納税義務者

Q1-3で見たとおり、固定資産税の納税義務者は、原則として、賦課期日である1月1日における固定資産の所有者となりますが、これを所有者課税主義といいます（地法343①、359）。

所有者課税主義の場合、誰が「所有者」であるのかが問題となりますが、地方税法上、固定資産税課税台帳に登録された者を所有者としています（地法343②③）。償却資産の場合、償却資産課税台帳に所有者として登録されている者がその所有者となります（地法343②③）。

189

2　償却資産の申告義務

上記**1**で説明された償却資産の所有者は、賦課期日である毎年1月1日における当該償却資産について、償却資産課税台帳への登録が必要な以下の事項（地法381⑤）を同年1月31日までに、当該償却資産の所在地の市町村長（特別区の場合は東京都知事）に申告する義務があります（地法383①）。

① 償却資産の所有者の住所

② 償却資産の所有者の氏名又は名称

③ 償却資産の所在地

④ 償却資産の種類及び数量

⑤ 償却資産の価格

3　償却資産の申告義務の特例

以下の償却資産については、申告先が市町村長ではなく都道府県知事又は総務大臣となります。

① 移動性償却資産又は可動性償却資産で二以上の市町村に渡って使用されるもの（地法389①一）

　ア．当該償却資産が一つの都道府県内に所在する場合

　　⇒所在地の都道府県知事

　イ．当該償却資産が二以上の都道府県内に渡って所在する場合

　　⇒総務大臣

② 鉄道、軌道、発電、送電、配電もしくは電気通信の用に供する償却資産又は二以上の市町村に渡って所在する償却資産でその全体を一つの償却資産として評価しなければ適正な評価ができないと認められるもの（地法389①二）

　ア．当該償却資産が一つの都道府県内に所在する場合

　　⇒所在地の都道府県知事

　イ．当該償却資産が二以上の都道府県内に渡って所在する場合

第3章　償却資産税

　　⇒総務大臣
③　指定大規模償却資産（総務大臣が指定するものを除く、地法742①）
　⇒所在地の都道府県知事

Q 3-3

法人税の申告で減価償却していない資産は申告の対象となりますか？

私の経営する会社は、最近業績不振が続いており、銀行からの借入れが必要となっていますが、赤字だと融資がなされないため、やむを得ず法人税の申告において、有形固定資産に関する減価償却費の計上をストップしています。このような場合、固定資産税の償却資産の申告においても、そのような資産を除外しても問題ないでしょうか、教えてください。

実際に減価償却を行っていない有形固定資産であっても、本来減価償却を行うことが可能な資産であれば、固定資産税に関しては償却資産として申告の対象になります。

＜解説＞

1　法人税の減価償却

　法人税法上、減価償却資産の取得費は、費用収益対応の原則に基づき、取得の年度に一括して費用計上するのではなく、使用ないし時間の経過に伴う資産の減価に応じて徐々に費用化すべきものとされていますが、これを一般に減価償却といいます[注34]（法法31）。

[注34]　金子前掲注1書348－349頁参照。

第3章　償却資産税

　さらに法人税法では、納税者が選択した償却方法で計算した減価償却の金額をそのまま損金として認めるのではなく、当該金額は償却限度額に過ぎず、減価償却費として損金に算入されるのは、法人がその確定した決算において費用として経理（損金経理、法法2二十五）した金額のうち、償却限度額に達するまでの金額であるとされています（法法31①）。この点、所得税法は、納税者が選択した償却方法で計算した減価償却の金額がそのまま必要経費とされるので、その違いには注意が必要です（所法49①）。

2　償却資産の申告

　このような法人税法の取扱いに関し、実務上問題となるのは、業績不振の会社が、銀行融資を受けるためといった目的で、赤字にならないように意図的に減価償却費の計上を行わないといった行為をとることです。企業会計の観点から見れば、減価償却は定められた方法で粛々と行うのが筋ということになりますが、法人税法上は減価償却費を計上するしないは企業の任意ということとなり、全く計上しなくても違法とはなりません。そのため、赤字企業が減価償却費を計上しないという現象が広くみられるところです。

　それでは、上記法人税法の規定に従い実際に減価償却を行っていない有形固定資産がある場合、固定資産税に係る償却資産の申告に影響を及ぼすのでしょうか。これについては、法人税目的で実際に減価償却を行っていない有形固定資産であっても、地方税法上当該資産につき償却資産としての申告を免除する規定がない以上、本来減価償却を行うことが可能な資産であれば、固定資産税に関しては申告の対象になるということになります。

193

3-4

少額償却資産とはどのような資産を指しますか？

減価償却資産であっても、少額償却資産に該当する場合には、固定資産税が課されないと聞きました。それでは、少額償却資産とはどのような資産をいうのでしょうか、教えてください。

固定資産税の課税客体から除外される少額償却資産とは、法人税法や所得税法で一時の損金・必要経費となる取得価額10万円未満の減価償却資産や、取得価額20万円未満で3年均等償却を行っている一括償却資産、取得価額20万円未満のリース資産を指します。

＜解説＞

1 少額償却資産の除外

　Q3-1で説明したとおり、固定資産税の課税客体である償却資産は、地方税法の規定上、土地および家屋以外の事業の用に供することができる固定資産（事業用資産）で、その減価償却額又は減価償却費が法人税法又は所得税法の規定による所得の計算上損金（法人税の場合）又は必要経費（所得税の場合）に算入されるもの（いわゆる減価償却資産）をいいます（地法341四）。

　しかし、減価償却資産はすべて固定資産税の課税客体となるわけではなく、次項で示す「少額償却資産」に該当する場合には、課税客体である償

却資産から除外されます（地法341四、地令49）。

2 少額償却資産の内容

固定資産税の課税客体から除外される少額償却資産の内容は、以下のとおりです。

① 耐用年数（又は使用可能期間）が１年未満又は取得価額が10万円未満の減価償却資産で、法人税法又は所得税法の規定による所得の計算上一時に損金又は必要経費に算入しているもの（少額減価償却資産、法令133、所令138）

② 取得価額が20万円未満の減価償却資産で、法人税法又は所得税法の規定により一括して３年間で減価償却を行うことを選択したもの（一括償却資産、法令133の２①、所令139①）

③ 取得価額20万円未満のリース資産（法法64の２①、所法67の２①、地令49但書）

3 固定資産税の課税客体となる「少額の減価償却資産」

減価償却資産のうち、耐用年数が１年未満であるもの又は取得価額が20万円未満のものであっても、資産計上がなされ、個別に減価償却がなされている場合には、上記 **2** でいう「少額償却資産」には該当しないこととなり、固定資産税が課税されることとなります。すなわち、利益調整のため、少額減価償却資産をあえて資産計上し、減価償却費を計上しないような法人についても、当該資産につき償却資産の申告が必要となります（Q3-2参照）。

また、中小企業者の少額減価償却資産の特例（措法28の２、67の５）の適用を受けた取得価額30万円未満の減価償却資産（年間300万円まで）については、法人税法又は所得税法の規定による所得の計算上、一時の損金又は必要経費に算入されます。しかし、固定資産税の償却資産に関しては、

当該減価償却資産は上記 **2** でいう「少額償却資産」には該当しませんので、固定資産税が課税されることとなります。

　なお、個人事業者の取得する取得価額が10万円未満の減価償却資産（少額減価償却資産）については、法人税法（任意計上）と異なり所得税法上、一時償却による必要経費算入が強制されているため（所令138）、固定資産税の課税客体となることは、原則としてありません。

4　少額償却資産の金額の判定と消費税

　償却資産の取得価額は、原則として国税の取扱いに倣って算定することとなります。したがって、償却資産の取得に際し課される消費税額については、少額償却資産の金額の判定のとき以下のとおり取り扱われます。

○消費税の経理方式と少額償却資産の金額の判定

事業者の区分	消費税の経理方式	少額償却資産の金額の判定
免税事業者	税込経理	税額を取得価額に含める
課税事業者 （選択適用）	税込経理	税額を取得価額に含める
	税抜経理	税額を取得価額に含めない （仮払処理）

第3章　償却資産税

3-5

償却資産の要件である「事業の用に供する」とはどういうことを意味しますか？

固定資産税の課税目的では、償却資産の要件は事業の用に供するということがあるものと理解しております。それでは、ここでいう「事業の用に供する」とはどういうことを意味するのでしょうか、教えてください。

事業の用に供するとは、一定の目的のために一定の行為を継続・反復して行うこと、すなわち事業を行う者の本来業務の用に資産を直接使用することのみならず、その事業につき直接・間接に資産を使用することをも指します。

＜解説＞

1　事業の意義

　固定資産税の課税客体のうち、土地及び家屋は事業の用に供していなくても課税されますが、償却資産は事業の用に供するということが課税要件となります（地法341四）。したがって、例えば、自宅に設置されたエアコン（12畳用で20万円とします）は、その金額にかかわらず固定資産税の課税対象とはなりません。

　ここでいう「事業」とは、一般に、一定の目的のために一定の行為を継続・反復して行うことをいいます。また、「事業」は、必ずしも営利又は

197

収益を得ることを直接の目的とすることを意味するわけではありません。

2 「事業の用に供する」の意義

「事業の用に供する」とは、事業を行う者の本来業務の用に資産を直接使用することのみならず、その事業につき直接・間接に資産を使用することをも指します。したがって、法人の福利厚生用施設である食堂の什器や診療所内の医療機器、トレーニング機器といったものも固定資産税の課税客体である償却資産に該当し、固定資産税が課税されます（昭26.8.2地財委税第1262号市町村税課長回答（高知市長照会））。

もっとも、事業の用に供するとは、現に事業の用に供されている必要はなく、未稼働の償却資産であっても、事業の用に供する目的で取得し、かつ事業の用に供し得るものである場合には、固定資産税の課税客体である償却資産に該当すると考えられます[注35]。

また、事業の用に供するには、所有者自らが本来の事業の用に供する場合以外に、資産を他の者に貸し付けて、その者が当該資産を事業の用に供し、あるいは、事業の用に供することができる状態にある場合も含まれます。例えば、リース業者が貸し付けるリース資産の場合、リース先で事業の用に供していない場合であっても、リース業者が当該リース資産を貸付事業の用に供しているため、固定資産税の課税客体である償却資産に該当するものと取り扱われます。

3 棚卸資産の除外

事業の用に供することができる資産からは、棚卸資産が除外されます（取扱通知（市）第3章4）。したがって、購入後倉庫に保管されているような工具・器具・備品は棚卸資産の中の「貯蔵品」に該当すると考えられます

[注35] 金子前掲注1書668頁参照。

第3章　償却資産税

ので、固定資産税の課税客体である償却資産には該当しません。

4　清算中の法人が所有する資産

清算中の法人は、事業活動を行うことができないため、その所有する資産は事業の用に供することができる資産には該当せず、固定資産税の課税客体である償却資産にも該当しません。ただし、清算中の法人が清算事務の用に供している資産は、固定資産税の課税客体である償却資産に該当しますので、注意を要します。

Q 3-6

固定資産であっても償却資産税の申告の対象とならない資産はありますか？

土地および家屋以外の有形固定資産で、償却資産税の申告の対象とならない資産はありますか、教えてください。

有形固定資産のうち、少額償却資産、自動車税及び軽自動車税の課税対象資産、牛や果樹等の生物は固定資産税の課税客体である償却資産から除かれます。

＜解説＞

1 償却資産の申告

償却資産の所有者は、毎年1月1日現在における償却資産について、固定資産税の賦課につき必要な事項を同年1月31日までに、原則として所在地の市町村長又は東京都知事（東京23区の場合）に申告する必要があります（地法383）。

2 償却資産税の申告の対象とならない有形固定資産

土地および家屋以外の有形固定資産で、償却資産税の申告の対象とならない資産には、以下のものがあります。

① 少額償却資産

少額償却資産については、Q3-4参照。

② 自動車税及び軽自動車税の課税対象資産

自動車税の課税客体である自動車及び軽自動車税の課税客体である原動機付き自転車、軽自動車、小型特殊自動車及び二輪の小型自動車は、本来は償却資産に該当すべきものですが、自動車税・軽自動車税と固定資産税との二重課税を回避する趣旨により、償却資産から除かれています（地法341四但書）。

ただし、道路運送車両法施行規則別表第1に掲げる大型特殊自動車（フォークリフト、除雪車など）は、自動車税の課税対象から除外され、固定資産税の課税客体である償却資産に該当します。

③ 牛馬、果樹その他の生物

法人税法及び所得税法上は、牛馬、果樹その他の生物であっても、成熟したものは時の経過とともに減価するため、減価償却資産に該当します。しかし、固定資産税においては、その資産の性格に鑑み、観賞用や興行用に供する生物を除き、原則として課税客体から除外しています（取扱通知（市）第3章5但書）。

3　固定資産税が非課税となる償却資産

上記**2**のほか、地方税法上、固定資産税が非課税となる償却資産があります（地法348②〜⑨、地法附則14）。その内容については、前述Q1-15を参照してください。

3-7

相続した償却資産はどのように申告すればよいのですか？

私は内科医ですが、最近父親が他界し、経営していた個人立の診療所を引き継ぐこととなりました。相続により診療所の医療機器等も取得しましたが、そのような償却資産はどのように申告すればよいでしょうか、教えてください。

相続により取得した償却資産については、被相続人の取得年月、取得価額及び耐用年数を引き継いで申告することとなります。

＜解説＞

1　相続により取得した償却資産の申告

被相続人が事業を行っていた場合で、相続人が引き続きその事業を承継する場合、被相続人が事業の用に供していた償却資産を取得することがあります。この場合、被相続人の取得年月、取得価額及び耐用年数を引き継いで申告することとなります。

2　共有の場合

一方、被相続人が事業の用に供していた償却資産が、相続の結果複数の相続人による共有となった場合には、持分に応じてそれぞれの相続人が申告書を作成し提出するのではなく、相続人のうち代表者を決定し、「代表

者氏名　外 2 名」といった形で、共有名義で 1 枚の申告書を作成し提出することとなります。

Q 3-8

家屋の賃借人が家屋に取り付けた冷暖房設備は償却資産となりますか？

私はいくつかの賃貸物件を保有する不動産オーナーですが、そのうちの一つの物件に関し、店舗として使用しているテナントが新たに冷暖房設備を取り付けました。この場合、当該冷暖房設備は償却資産として固定資産税の課税客体となるのでしょうか、教えてください。

賃借人が家屋に取り付けた冷暖房設備が、独立して所有権が認められるものであり、かつ当該冷暖房設備が賃借人の事業用である場合には、賃借人の償却資産として取り扱われることとなります。

＜解説＞

1　建築設備と固定資産評価基準

　家屋のような建築物に付設される設備のことを一般に建築設備といいますが、本問のように家屋に取り付けた冷暖房設備も建築設備に該当します。
　固定資産評価基準において、建築設備は、家屋に附属して機能を発揮するための設備であり、家屋そのものではないことから、その所有者に対して家屋として固定資産税が課されることはありません（固定資産評価基準第2章第2節二3（9）、第3節二3（12）参照）。
　ただし、家屋の所有者が所有する冷暖房設備等の建築設備で、家屋に取

り付けられ、家屋と構造上一体となって家屋の効用を高めるものについて
は、家屋に含めて評価することとされています（固定資産評価基準第2章
第1節七）。

2　家屋の賃借人が取り付けた建築設備

　家屋の賃借人が取り付けた建築設備は、民法上、当該賃借人が独立して
権限を有する場合には、賃借人に所有権が帰属することとなります（民法
242但書）。また、固定資産税は固定資産の所有者に対して課されるもので
す（地法343①）。したがって、賃借人が家屋に取り付けた冷暖房設備が家
屋に附合しておらず分離可能で、その所有権が賃借人に帰属する場合には、
賃借人に対して家屋として固定資産税が課されることはないと考えられま
す。

3　建築設備と償却資産

　それでは、家屋の賃借人が取り付けた建築設備には固定資産税は課され
ないのでしょうか。この場合、建築設備の使用目的が問題となります。す
なわち、賃借人が当該建築設備である冷暖房設備を事業目的で使用してい
る場合には、その所有者である賃借人に対して、家屋ではなく償却資産と
して固定資産税が課されることとなります（地法341四）。

Q 3-9

所得税・法人税の減価償却と償却資産税の減価償却とで取扱いに違いはありますか？

国税である所得税や法人税における減価償却と、地方税である固定資産税の償却資産に係る減価償却には何か相違点はあるのでしょうか、教えてください。

所得税・法人税の減価償却と償却資産税の減価償却とでは、以下にみるとおり微妙な相違点がありますので、ご注意ください。

＜解説＞

1 所得税・法人税の減価償却と償却資産税の減価償却との関係

　固定資産税のうち償却資産に関するもの（いわゆる償却資産税）は、地方税法における規定ぶり（減価償却額又は減価償却費が法人税法又は所得税法の規定による所得の計算上損金又は必要な経費に算入されるもの、地法341四）から見て、基本的に国税である所得税・法人税の減価償却及び減価償却資産の規定に準拠しているものと考えられます。

2 所得税・法人税の減価償却と償却資産税の減価償却との相違点

　とはいえ、両者の間には次頁の表でみるとおり微妙な相違点がありますので、ご注意ください。

第3章　償却資産税

○所得税・法人税の減価償却と償却資産税の減価償却との主たる相違点

項目	所得税・法人税	償却資産税
減価償却計算の基準日	事業年度末	賦課期日（1月1日）
減価償却の計算期間	事業年度	暦年
減価償却の方法	定額法又は定率法の選択	定率法（いわゆる旧定率法）
新規取得資産の償却	月割償却	半年償却（2分の1）
圧縮記帳	あり	なし
特別償却及び割増償却（租税特別措置法）	あり	なし
評価額の最低限度	備忘価格1円	取得価額又は改良費の100分の5
中小企業者の少額資産の損金算入の特例	あり	なし

207

Q 3-10

所有権留保付売買資産に係る償却資産税の納税義務者は誰ですか？

建設用機械等の売買においては、所有権留保付売買契約により、買主がその償却資産を使用することは可能であるものの、その所有権は販売代金が完済されるまで売主に留保される旨の条件が付されることがあります。この場合、償却資産税の申告に関しては、売主が行うのでしょうか、それとも買主が行うのでしょうか、教えてください。

A

所有権留保付売買資産に係る償却資産税については、実務上、原則として買主に課税され、所有権留保付売買資産の償却資産税の申告についても、原則として買主が行うように取り扱われています。

＜解説＞

1　所有権留保付売買資産とは

　所有権留保付売買資産とは、一般に、建設用機械等の償却資産について割賦販売が行われる場合に、買主がその償却資産を使用することはできるものの、その所有権は販売代金が完済されるまで売主に留保される旨の条件が付されている資産をいいます。

第3章　償却資産税

2　所有権留保付売買資産に係る償却資産税の取扱い

所有権留保付売買資産については、買主が事業の用に供していれば、償却資産税の課税客体となります。また、その所有権は契約上売主に留保されていますが、固定資産税の賦課徴収に関しては、その償却資産は売主及び買主の共有物とみなされ（地法342③）、売主及び買主はその償却資産の固定資産税について連帯納税義務を負うこととなります（地法10の2①）。

3　所有権留保付売買資産に係る償却資産税の実務上の取扱い

しかし、所有権留保付売買の現状を見てみると、所有権留保の主な目的は売主が販売代金債権を担保することにあり、また、税務会計においても、買主がその減価償却費を法人税法上損金に算入することが認められていること等の理由から、買主が固定資産税（償却資産税）を負担している場合が多いといえます。

そのため、実務上の取扱いとしては、償却資産税を原則として買主に課税し、所有権留保付売買資産の償却資産税の申告についても、原則として買主が行うよう取り扱われています[注36]（取扱通知（市）第3章固定資産税第1節第1－10）。

注36　金子前掲注1書666頁。

209

Q 3-11 自動車であっても固定資産税の課税客体となるものがありますか？

Q3-6で、自動車税の課税客体である自動車及び軽自動車税の課税客体である原動機付き自転車、軽自動車、小型特殊自動車及び二輪の小型自動車は、自動車税・軽自動車税と固定資産税との二重課税を回避する趣旨により、償却資産から除かれているとききました。それでは、すべての自動車について固定資産税が課されないと考えてよいのでしょうか、教えてください。

道路運送車両法にいう自動車であっても、ロードローラー、ブルドーザー、農耕作業自動車などの大型特殊自動車は、固定資産税の課税客体たる償却資産に該当します。

<解説>

1　自動車に対する固定資産税

　Q3-6で説明したとおり、自動車税の課税客体である自動車及び軽自動車税の課税客体である原動機付き自転車、軽自動車、小型特殊自動車及び二輪の小型自動車は、本来は固定資産税の課税客体である償却資産に該当すべきものですが、自動車税・軽自動車税と固定資産税との二重課税を回避する趣旨により、償却資産から除かれています（地法341四但書）。

第3章　償却資産税

2　大型特殊自動車の取扱い

　しかしながら、道路運送車両法にいう自動車ではあっても、大型特殊自動車（道路運送車両法3）の取扱いは異なります。なぜなら、自動車税の課税客体は通常道路を運行する自動車をいうのですが、ロードローラー、ブルドーザー、農耕作業自動車などの大型特殊自動車は、専ら建設作業等のための機械であると考えられることから、自動車税の課税客体から除外されているためです（地法145①、地令44、地方税法及び同法施行に関する取り扱いについて（道府県税関係）第10章1）。

　そのため、大型特殊自動車は、固定資産税の課税客体たる償却資産に該当するものとされています（地法341四）。

211

Q 3-12

法人税が課されない公益法人が所有する減価償却資産に固定資産税は課されますか？

固定資産税の課税客体である「償却資産」は、その減価償却費が法人税法の規定による所得の計算上損金に算入されるものをいうようですが、私の勤務する社会福祉法人のように、法人税が原則として非課税となる法人については、固定資産に関し財務会計において計上した減価償却費は、法人税の申告を行っていないことから、当然損金に算入されていません。このような場合、減価償却資産に固定資産税は課されないのでしょうか、教えてください。

収益事業についてのみ法人税が課される社会福祉法人においても、法人が所有する減価償却資産が法人税法の規定による所得の計算上損金に算入されるものに類する場合には、固定資産税の課税客体である償却資産に該当することとなります。

＜解説＞

1 公益法人に対する法人税

法人税法上、公益法人とは、営利を目的としない公益目的の法人で、主務官庁の許可を得て設立される法人をいい、法人税法別表第二に該当法人が列挙されています（法法２六、別表第二）。具体的には、社会福祉法人、

第3章　償却資産税

宗教法人、学校法人、社会医療法人、公益財団法人、公益社団法人、日本
赤十字社などがそれに該当します。

　公益法人は、法人税法上、収益事業についてのみ法人税が課されます（法
法4①）。ここでいう収益事業とは、法人税法施行令に列挙されている34
の事業をいいますが（法令5）、社会福祉法人が行う社会福祉事業など、
公益法人が本来行うべき公益目的の事業は、原則として収益事業には該当
しません。

2　公益法人が所有する減価償却資産に対する固定資産税の課税

　1で見たとおり、社会福祉法人を含む公益法人は、法人税法上、収益事
業についてのみ法人税が課されますので、収益事業以外で使用されている
減価償却資産については、その減価償却費は法人の所得の計算上損金に算
入されていないこととなります。そうなると、当該減価償却資産が果たし
て固定資産税の課税客体である「償却資産」に該当するのかが問題となり
ます。

　この点については、地方税法に規定があり、法人税又は所得税が課され
ない者が所有する減価償却資産が、法人税法又は所得税法の規定による所
得の計算上損金に算入されるものに類する場合には、固定資産税の課税客
体である償却資産に該当することとなります（地法341四カッコ書）。

　本件のように、収益事業のみに法人税が課される社会福祉法人について
も、法人が所有する減価償却資産が、仮に収益事業に使用される場合には
法人税法の規定による所得の計算上損金に算入されるのであれば、上記「類
する場合」に該当することと考えられます。したがって、当該減価償却資
産は、地方税法第348条第2項の規定により非課税（Q1-15参照）とされな
い限り、固定資産税の課税客体である償却資産に該当することとなります。

213

Q 3-13

ペンションに設置されている大型テレビは償却資産に該当しますか？

私は軽井沢でペンションを経営しています。私の経営するペンションには、リビングに大型の液晶テレビ（50万円で購入）を設置していますが、このテレビはペンション内唯一のものであるため、宿泊客のみならず、家族も視聴しています。このような場合、このテレビは固定資産税の課税上償却資産に該当するのでしょうか、教えてください。

A

本件のように事業用にも家庭用にも使用している備品については、事業の用に供することができる資産に該当するため償却資産に該当し、その全額が固定資産税の課税対象となります。

＜解説＞

1 事業用にも家庭用にも使用している備品の償却資産該当性

本件のようなペンション内に設置されている大型テレビは、備品として宿泊客のために供されているのみならず、ペンションで暮らすオーナー家族のためにも供されています。

このような使用実態にある備品は、果たして家庭用なのか事業用なのかが問題となります。仮に家庭用に分類される場合、固定資産税の取扱い上償却資産には該当せず、固定資産税が課税されないこととなります。

214

償却資産税が課されない家庭用の備品とは、それが家庭でのみ使用されている場合の備品をいいます。本件のように事業用にも家庭用にも使用している備品は、事業用の部分については事業所得（個人事業主の場合）の計算上、その減価償却費が必要経費に算入されます。そのような備品は、償却資産の要件である「事業の用に供することができる資産（地法341四）」に該当せざるを得ないと考えられます。

2　事業用部分と家庭用部分との按分の必要性

それでは、事業用にも家庭用にも使用している備品は、償却資産の部分と家庭用資産の部分とに何らかの基準で金額按分する必要があるのでしょうか。

○事業用部分と家庭用部分との按分の必要性

固定資産税はその価格（固定資産評価額）を課税標準とするもので、当該価格は固定資産評価基準に基づき取得価額を基準に評価されるものです。償却資産の課税単位は資産ごとであり、一つの資産を用途ごとに区分して取り扱うことはありません。

したがって、本件のような事業用にも家庭用にも使用している備品について、事業所得の計算上、その減価償却費につき必要経費算入分とそうでない部分（家事費）とに分けている場合であっても、償却資産に係る固定資産税の課税に関しては、全体を一つの資産として、全額課税対象とすることとなります。

Q 3-14

従業員の寮に備え付けられている備品等は償却資産に該当しますか？

私の勤務する会社は独身の従業員向けの寮を保有していますが、そこには各居室に備え付けの家具のほか、食堂の調理設備、浴場設備、応接セットやテレビといった備品等があります。これらの備品等はすべて会社の資産ですが、固定資産税の取扱いはどうなるでしょうか、教えてください。

A

固定資産税の課税対象である償却資産は、事業の用に供することができる資産を指しますが、ここでいう「事業の用に供する」とは、会社が本業に直接使用しているものに限定されず、間接的に使用しているものも含まれるため、福利厚生施設に備え付けられている備品等も償却資産に該当することとなります。

＜解説＞

1 事業の用に供することができる資産の意義

　固定資産税の課税対象である償却資産は、事業の用に供することができる資産を指します（地法341四）。

　ここでいう「事業の用に供することができる資産」とは、まず、会社が定款に掲げるような、その本来の業務として行っている事業のために直接使用しているものを指します。しかし、それだけにとどまるわけではあり

第3章　償却資産税

ません。定款に掲げていない業務に使用されているものや、定款に掲げる
業務を補助するような、いわば本業を間接的にサポートするような業務に
使用されているものも含まれると考えられます。

2　福利厚生用の固定資産

1で挙げた、本業を間接的にサポートするような業務において使用され
ている資産の典型が、企業が従業員の利用のために供する福利厚生施設に
おいて備えられている備品等といえます。すなわち、従業員向けの寮に備
え付けられている、各居室の家具や、食堂の調理設備、浴場設備、応接セ
ットやテレビといった備品等がその例です（昭26.8.2地財委税第1262号市町
村税課長回答（高知市長照会）「福祉厚生施設に対する固定資産税（償却資産）
課税の件」参照）。

このような福利厚生用の固定資産は、事業の用に供することができる資
産に該当しますので、固定資産税の課税対象である償却資産であるといえ
ます。

217

3-15

賃貸用住宅に係る償却資産の取得時期はいつですか？

　私は最近、父親から相続した土地に賃貸マンションを建築しました。この賃貸マンションには、門塀や駐車場部分のアスファルト舗装、屋外給排水設備といった減価償却資産が備え付けられており、償却資産に該当するものと思われます。当該マンションとそれに附属する償却資産は、昨年12月初めに完成し引き渡されていますが、今年の1月1日現在ではまだ入居者がいない状態です。このような場合、私が償却資産を取得した時期はいつと考えればよいのでしょうか、教えてください。

　償却資産の取得時期については、その所有権を取得したときという要件のみならず、その資産を事業の用に供することができる状況にしたことという要件をも満たす必要があるものと考えられます。

＜解説＞

1　償却資産の取得時期

　Q3-14でも述べたとおり、固定資産税の課税対象である償却資産は、事業の用に供することができる資産を指します（地法341四）。このような償却資産の取得時期ですが、必ずしもその所有権を取得したときに限定されるものではありません。

　例えば法人税法の規定では、減価償却資産は事業の用に供しているもの

第3章　償却資産税

であるとされていますので（法令13）、所有権を取得しても事業の用に供する前までの時点での資産は減価償却資産には該当せず、減価償却費は計上できないこととなります。

　この考え方に従えば、償却資産の取得時期は、①その所有権を取得したときという要件のみならず、②その資産を事業の用に供することができる状況にしたことという要件をも満たす必要があるものと考えられます。

2　賃貸用住宅に係る償却資産の取得時期

　それでは、賃貸用住宅に係る償却資産の取得時期はどうなるのでしょうか。特に本件のように、賃貸用マンションとそれに附属する償却資産が昨年12月初めに完成し引き渡されているものの、今年の1月1日の賦課期日現在ではまだ入居者がいない状態の場合、今年の1月1日の賦課期日現在において、上記②の「その資産を事業の用に供することができる状況にしたこと」という要件を満たしているのかが問題となります。

　これについては、賃貸マンションに附属する当該償却資産が既に引き渡しを受けており、そのマンションに関し入居者の募集を開始しているような場合には、「その資産を事業の用に供することができる状況にしたこと」という要件を満たしているものと考えられます。したがって、本件については、今年の1月1日の賦課期日現在において当該償却資産の取得時期は到来しており、固定資産税の課税がなされるものと考えられます。

219

Q 3-16

会社の合併又は分割により取得した償却資産の取得時期はいつですか？

最近グループ会社の再編を行うため、子会社間の合併や子会社の吸収合併、本社の事業を子会社に切り出す会社分割を積極的に行っています。この場合、被合併会社や分割会社の償却資産も取得することとなりますが、当該償却資産の取得時期はいつなのでしょうか、教えてください。

償却資産の取得時期は、吸収合併の場合は合併契約で定めた合併の効力発生日となり、吸収分割の場合は、分割契約で定めた分割の効力発生日となるものと考えられます。

＜解説＞

1 合併と分割

① 合併

組織再編の一形態である合併には、新設合併と吸収合併とがあります（会社法２二十七、二十八）。これらの合併形態を図示すると以下のようになります。

○新設合併

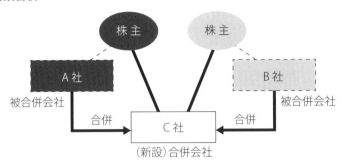

○吸収合併

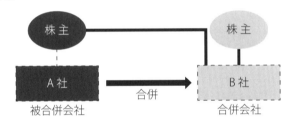

② 分割

また、会社分割には分割型分割と分社型分割とがあり、それぞれ吸収分割と新設分割とがあります（会社法2二十九、三十）。

○吸収分割である分割型分割

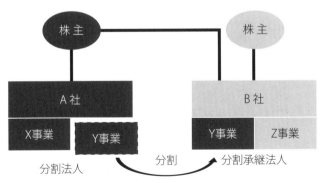

○新設分割である分割型分割

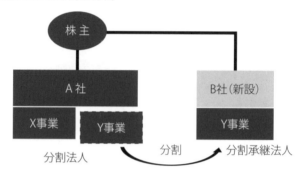

○吸収分割である分社型分割

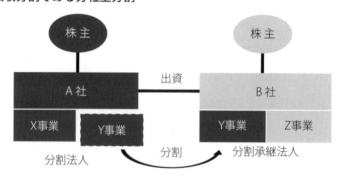

○新設分割である分社型分割

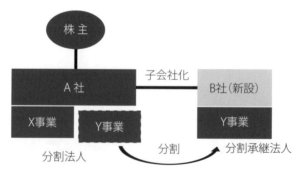

第3章　償却資産税

2　合併および分割により取得した償却資産の取得時期

　それでは、合併又は分割により合併会社又は分割承継法人が取得した償却資産の取得時期はどうなるのでしょうか。Q3-15でみたとおり、償却資産の取得時期は、①その所有権を取得したときという要件のみならず、②その資産を事業の用に供することができる状況にしたことという要件をも満たす必要があるものと考えられます。

　これを合併の場合にあてはめると、合併の効力発生の日となるものと考えられます（会社法750①、754①）。なお、合併の効力発生の日とは、吸収合併の場合には合併契約で定めた日（会社法749①六）、新設合併の場合は新設会社の成立の日である登記の日（会社法911①）を指すものと考えられます。

　また、分割の場合についてあてはめると、分割の効力発生の日となるものと考えられます（会社法759①、764①）。なお、分割の効力発生の日とは、吸収合併の場合には分割契約で定めた日（会社法758七）、新設分割の場合は新設会社の成立の日である登記の日（会社法911①）を指すものと考えられます。

223

Q 3-17

遊休資産についても固定資産税は課税されますか？

わが社は最近の業績不振で、工場の一部のラインをストップしたため、保有する有形固定資産につき稼働していないものが生じています。このような遊休資産である償却資産についても固定資産税は課税されるのでしょうか、教えてください。

遊休資産についても、それが事業の用に供する目的で所有され、かつ本来事業の用に供することができる状態にある資産であれば、固定資産税の課税客体である償却資産として取り扱われるものと考えられます。

＜解説＞

1 遊休資産の意義

遊休資産とは、一般に、企業の保有する資産のうち、一度事業の用に供したものの、外部環境の変動により操業度が低下した等の理由で、企業の事業活動において利用されずにその本来の機能が発揮できていない資産を指し、稼働休止資産ともいいます。

2 遊休資産に係る固定資産税の取扱い

遊休資産は、現時点では利用されていないものの、これまでの一時期において事業の用に供されていたものです。そのため、例えば法人税法にお

ける取扱いでは、稼働を休止している資産であっても、その休止期間中に必要な維持補修が行われており、いつでも再稼働が可能な状態にあるものについては、減価償却資産に該当し、減価償却費の計上が認められています（法基通7－1－3）。

固定資産税においても、基本的に上記取り扱いと同様の考え方を採っています。すなわち、遊休資産については、外部環境の変動により操業度が低下した等の理由で短期的に稼働を中止しているとしても、それが事業の用に供する目的で所有され、かつ本来事業の用に供することができる状態にある資産であれば、償却資産としての本来の機能が失われたものではないため、固定資産税の課税客体である償却資産として取扱われるものと考えられます。

なお、遊休資産について、法人税又は所得税における所得の算定上現実には減価償却費の計上を行っていない場合であっても、本来的に減価償却費の計上を行うべきケースにおいては、固定資産税の課税客体である償却資産として取扱われるものと考えられます。

3 相当期間稼働が停止している償却資産

ただし、相当期間（概ね1年以上）稼働が停止している資産で、その価額が著しく低下しているものについては、その状況に応じて評価額の補正を行い、価額の減額を行うことができることとされています（固定資産評価基準第3章第1節十一参照）。

225

3-18

広告宣伝用の看板について固定資産税は課税されますか？

私は大手医薬品メーカーに勤務していますが、わが社の製品を取り扱っている医薬品販売会社に対して、わが社の製品に係る広告宣伝用の看板を贈与し、それを販売会社の営業所の敷地内に設置してもらっています。このような看板については、わが社において、法人税の取扱い上、減価償却資産ではなく繰延資産として計上していますが、固定資産税の取扱いはどうなるのでしょうか、教えてください。

自社製品を取り扱う販売会社に贈与した広告宣伝用の看板に係る費用は、その支出の効果が1年以上に及ぶ場合には、法人税法上繰延資産に該当しますが、贈与者においてそのような繰延資産は、固定資産税の取扱い上、償却資産には該当せず、固定資産税の課税客体とはならないといえます。

<解説>

1 広告宣伝用の看板に係る法人税の取扱い

　製造業者がその製品を扱う販売業者に、製造業者のロゴマークや製品名を掲示した広告宣伝用の看板といった資産を贈与することがあります。このような広告宣伝用の看板は、第一義的には減価償却資産で、以下のように構築物又は器具備品として取扱われます。

① 構築物
　ア．広告用で金属造のもの：耐用年数20年
　イ．その他のもの：耐用年数10年
② 器具備品
　ウ．看板、ネオンサイン及び気球：耐用年数3年
　エ．主として金属製のもの：耐用年数10年
　オ．その他のもの：耐用年数5年

　しかし、当該広告宣伝用の看板は、専ら贈与者の広告宣伝の用に供される資産であり、受贈者が直接利益を享受するものではないため、法人税法上、受贈者はその取得による経済的利益の額がないものと取扱われます（法基通4－2－1（注））。

　その結果、受贈者は、当該資産を減価償却資産として計上する必要がないこととなります。

　また、贈与者である医薬品メーカーにおいては、その支出が支出日から1年以上にわたって及ぶ場合には、当該支出は法人税法上繰延資産に該当します（法令14①六ニ）。

○広告宣伝用の看板の贈与

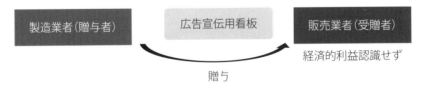

2　広告宣伝用の看板に係る固定資産税の取扱い

　一方、広告宣伝用の看板に係る固定資産税の取扱いですが、当該資産は上記1で見たとおり、第一義的には構築物又は器具備品として取扱われます。そのため、受贈者である販売会社においては、法人税法上当該資産に

つき受贈益がなく減価償却資産として計上しない場合であっても、それが事業の用に供するものであれば、固定資産税の課税客体となるものと考えられます。

　また、贈与者である医薬品メーカーにおいては、**1**で見たとおり、当該支出が支出日から1年以上にわたって及ぶ場合には、法人税法上繰延資産に該当します。固定資産税の課税客体である償却資産は、法人税法にいう減価償却資産ですが（地法341四、法法2二十三、法令13）、当該減価償却資産の中に繰延資産は含まれません。したがって、繰延資産は固定資産税の課税客体である償却資産には該当しません。

第3章 償却資産税

 3-19

建設仮勘定に含まれる固定資産には固定資産税は課税されますか？

わが社は設備機器を製造販売するメーカーですが、自社工場で使用する機械を自社製作することがあります。機械の中には製造期間が長期間に渡るものもあり、事業年度をまたぐこともありますが、その場合期末においてそれまでに支出した金額を建設仮勘定として計上しています。中には、建設仮勘定の中に完成済みの機械や器具備品が含まれていることもありますが、そのような場合、固定資産税の取扱いはどうなるのでしょうか、教えてください。

建設仮勘定として経理しているものであっても、その中に既に完成し事業の用に供している機械や器具備品が含まれている場合には、当該資産は固定資産税の課税客体である償却資産に該当します。

＜解説＞

1　建設仮勘定の意義
　建物、構築物、機械及び装置等につき、その建設ないし製造が長期にわたる場合には、その中途において多額の支出額が生ずるケースや、完成までその金額が確定しないケースがあります。そのような支出額を一時的に仮勘定（経過勘定）として計上する勘定科目を「建設仮勘定」といいます。

建設仮勘定は、それまで計上していた支出により建設・製作していた建物や機械等が完成し引渡しを受けた場合に、完成した目的物に該当する固定資産の勘定科目（建物、構築物、機械等）に振り替えることとなります。

2　建設仮勘定の法人税法上の取扱い

　建設仮勘定に係る法人税の取扱いですが、通達上、建設仮勘定に計上されているような建設中の建物、機械及び装置等の資産は減価償却資産に該当しないことを原則としつつも、その完成した部分が事業の用に供されている場合には、その部分は減価償却資産に該当するものとされています（法基通7－1－4）。

3　建設仮勘定に係る固定資産税の取扱い

　固定資産税の取扱いも基本的に法人税の取扱いと同様と考えられます。すなわち、建設仮勘定として経理しているものであっても、その中に賦課期日までに既に完成し事業の用に供している機械や器具備品が含まれている場合には、当該固定資産は固定資産税の課税客体である償却資産に該当することとなります（取扱通知（市）第3章第1節7参照）。

第3章 償却資産税

 3-20

民間企業が開発した道路は土地と償却資産のいずれに該当するのでしょうか？

わが社は日本国内においてホテルなどを経営していますが、リゾート地におけるホテル開発に際しては、建物の建築のみならず、幹線道路からホテルまでの道路を切り開いて舗装し整備することもあります。このような道路ですが、固定資産税の取扱い上、土地に該当するのでしょうか、それとも償却資産に該当するのでしょうか、教えてください。

コンクリートやアスファルトにより路面を舗装した道路については、表面の舗装部分と、その下の路盤部分とに分けられますが、いずれも減価償却資産に該当し、固定資産税の取扱い上も償却資産として課税されることとなります。

＜解説＞

1 民間が開発した舗装道路の法人税の取扱い

道路には、公道のように国や地方公共団体が指定管理する道路と、私道のように民間が開発・整備・管理する道路とがあります。

民間が開発した私道ですが、その道路が舗装されている場合、法人税法上以下のとおり減価償却資産（構築物）として取り扱われ、耐用年数が定められています（耐用年数省令別表第一）。

231

①　コンクリート敷、ブロック敷、レンガ敷又は石敷のもの：15年
②　アスファルト敷又は木れんが敷のもの：10年
③　ビチューマルス敷[注37]のもの：3年

道路の大部分はアスファルト敷（耐用年数10年）であるといわれています。アスファルト舗装の構造を図で示すと、以下のようになります。

○アスファルト舗装の構造

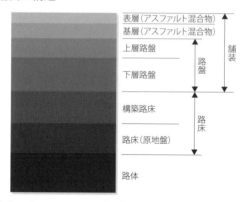

（出所）一般社団法人日本アスファルト協会ホームページ

なお、舗装されている道路（舗装道路）とは、一般に、道路の表面の舗装部分のことをいい（耐用年数通達2－3－10）、その下の路盤部分を指すのか必ずしも明確ではありませんが、法人が路盤部分を含めて減価償却している場合には、法人税法上もそのように取り扱うものとされています（耐用年数通達2－3－10）。

2　民間が開発した舗装道路の固定資産税の取扱い

民間が開発し敷設した舗装道路の固定資産税の取扱いですが、これは基

注37　道路又は地面を舗装する場合に、基礎工事を全く行わないで、砕石とアスファルト乳剤類とを材料としてこれを地面に直接舗装したものをいう（耐用年数通達2－3－12）。

第3章　償却資産税

本的に法人税の取扱いと同じとなります。すなわち、コンクリートやアスファルトにより路面を舗装した道路については、表面の舗装部分と、その下の路盤部分とに分けられますが、いずれも減価償却資産に該当し、固定資産税の取扱い上も償却資産として課税されることとなります。

Q 3-21

鶏舎や豚舎は家屋と償却資産のいずれに該当するのでしょうか？

私は農家で鶏や豚を飼育しています。鶏や豚を飼育する際に使用する鶏舎や豚舎は、固定資産税の取扱い上、家屋と償却資産のいずれに該当するのでしょうか、教えてください。

鶏舎や豚舎のうち、その構造が簡易で規模が小さいものについては、一般に固定資産税に関し家屋とも償却資産とも取り扱われませんが、一般家屋と遜色ない構造や規模のものについては、固定資産税の課税客体である家屋として取り扱われることとなります。

<解説>

1　固定資産税における家屋の認定基準

　Q2-2で見たとおり、固定資産税の課税客体となる「家屋」は、住屋、店舗、工場（発電所及び変電所を含む）、倉庫その他の「建物」をいいます（地法341三）。また、固定資産税における「家屋」の意義は、一般に、不動産登記法の「建物」の意義と同じであると解されています（取扱通知（市）第3章第1節第1の2参照）。したがって、固定資産税の課税客体となる「家屋」は、基本的に登記簿に登記されるべき「建物」であると考えられます。

2　固定資産税における償却資産の認定基準

　固定資産税の課税上、家屋と償却資産との区別が問題となるのは、それが家屋であるか構築物（償却資産）であるか判然としない場合であると考えられます。その判断基準は、Q2-2で示したように、基本的に不動産登記法の例示に従うものとされています（不動産登記事務取扱手続準則第77条（1）（2））。

　鶏舎や豚舎の場合、その構造上屋根や周壁があり、土地に定着した建造物と考えられるものは、構築物（償却資産）ではなく建物（家屋）と取り扱われることとなります（耐用年数通達2－3－15（注）参照）。

　建物と取り扱われる鶏舎は、例えば以下のようなものが挙げられます。

○建物と取り扱われる鶏舎（高床ウインドレス鶏舎）

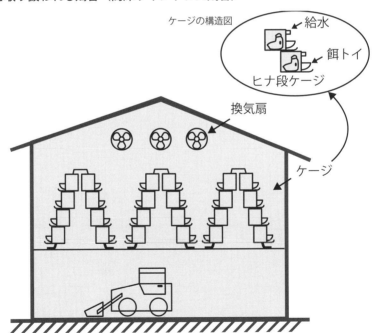

（出所）島根県養鶏協会ホームページ

3　鶏舎や豚舎の取扱い

　固定資産税における鶏舎や豚舎の取扱いですが、取扱通知（市）第3章第1節第1の2において、鶏舎、豚舎等の畜舎は一般に、社会通念上家屋とは認められないものと考えられるので、特にその構造その他から見て一般家屋との権衡上課税客体とせざるを得ないものを除き、課税客体とは取り扱われないこととされています。

　したがって、鶏舎や豚舎のうち、その構造が簡易で規模が小さいものについては、一般に固定資産税に関し家屋とも償却資産とも取り扱われませんが、一般家屋と遜色ない構造や規模のものについては、固定資産税の課税客体である家屋と取り扱われることとなります。

3-22

可動間仕切りは家屋と償却資産のいずれに該当するのでしょうか？

わが社の本社ビルの事務室には、会議スペースや執務スペースを仕切るため、可動間仕切りを設置しています。このような可動間仕切りは、固定資産税の取扱い上、家屋と償却資産のいずれに該当するのでしょうか、教えてください。

可動間仕切りのうち、その本体が床面から天井まで届いているものは家屋の一部と取り扱われますが、天井まで届いていないものは原則として償却資産として取り扱われます。

＜解説＞

1 可動間仕切りとは

　間仕切りは建築物内部の空間を仕切るための造作です。最近建築されるオフィスビルはワンフロアに一切間仕切りがなく、入居した企業がその業務内容やニーズに合わせてレイアウトを決め、適宜間仕切りを設定するケースがよく見られます。

　このような間仕切りのうち、オフィスのレイアウト変更等に合わせて、取り外して他の場所に移動させて再使用することが可能な、パネル式等の資材を一般に可動間仕切りといいます。

○可動間仕切りの例

　可動間仕切りには、天井まで達するものと達しないものとがありますが、後者は一般に「ローパーティション（low partition）」といいます。

2　可動間仕切りの法人税の取扱い

　可動間仕切りについては、耐用年数通達に定めがあります。それによれば、可動間仕切りとは、事務室を適宜仕切って使用するために間仕切りとして建物の内部空間に取り付ける資材のうち、取り外して他の場所で再使用することが可能なパネル式もしくはスタッド式又はこれらに類するもので、建物附属設備（減価償却資産の耐用年数等に関する省令別表第一）に該当します（耐用年数通達2－2－6の2）。

　なお、会議室等に設置されているアコーディオンドア、スライディングドア等で他の場所に移設して再使用する構造となっていないものは、上記可動間仕切りには該当しない（建物の一部となる）ものとされています（耐用年数通達2－2－6の2（注））。

○アコーディオンドアの例

(出所) ニチベイホームページ

3 可動間仕切りに係る固定資産税の取扱い

　固定資産税に関する可動間仕切りの取扱いは、一般に、それが天井に達しているか否かで判断されることとなります。

　すなわち、固定資産評価基準によれば、床面から天井に達する既成の間仕切りを「既成間仕切」として、家屋の一部と取り扱っています。

○既成間仕切の例

(出所) 小松ウオールホームページ

一方、床置きタイプのような、間仕切りのうちその本体が天井に達していないものについては、償却資産に該当します。

○床置きタイプのパーティションの例

（出所）サンワサプライホームページ

第3章 償却資産税

3-23

自社ビルに設置されたLAN配線設備は家屋と償却資産のいずれに該当するのでしょうか？

最近自社ビルを取得し、事務室にLAN配線を行いました。このようなLAN配線設備は、固定資産税の取扱い上、家屋の一部として取り扱うのでしょうか、それとも償却資産に該当するのでしょうか、教えてください。

LAN配線設備は、企業の業務効率化や合理化に資するものとして設置されるものであり、家屋自体の利便性を高めるというよりはむしろ業務上の利便性を高めるものと考えられることから、家屋の評価に含めず償却資産となる「特定の生産又は業務用設備」に該当します。

<解説>

1 LAN配線設備

LAN（Local Area Network、構内通信網）とは、ケーブルや無線などを使って、同じ建物の中にあるコンピュータ（PC）や通信機器、プリンタなどを接続し、データをやり取りするネットワークのことを指し、企業内で構築する場合には企業内情報通信網といいます。

LAN配線設備の概念図は次頁のとおりです。

○LAN配線設備の概念図

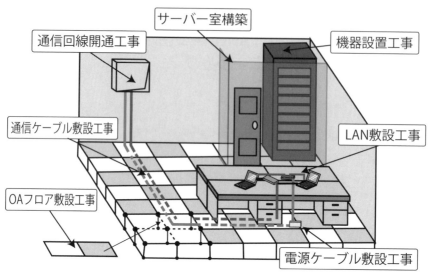

（出所）みずほ情報総研ホームページ

2　LAN配線設備の法人税の取扱い

　LAN配線設備の法人税の取扱いについては、LAN配線設備を構成する個々の減価償却資産について、それぞれの耐用年数（サーバーが6年、LANボードが10年、光ケーブルが10年、同軸ケーブルが18年など）により減価償却を行うことが原則です。

　しかし、改正前の通達では、これら全体を一つの減価償却資産として耐用年数6年を適用して償却費の計算を行うことが認められていました（旧耐用年数通達2－7－6の2）。当該改正に伴う経過措置として、平成13年4月1日以後に開始する事業年度において、同日前に取得したLAN設備を構成する個々の減価償却資産については、全体を一つの減価償却資産として耐用年数6年を適用して償却費の計算を行うことが認められています（耐用年数通達附則経過的取扱い（平14課法2－1追加））。

第3章　償却資産税

3　LAN配線設備の固定資産税の取扱い

　固定資産評価基準によれば、建築設備の評価は、それが家屋に取り付けられ、家屋と構造上一体となってその効用を高めるものについては、家屋に含めて評価するものとされています（固定資産評価基準第2章第1節七）。

　この観点に照らすと、LAN配線設備は、企業の業務効率化や合理化に資するものとして設置されるものであり、家屋自体の利便性を高めるというよりはむしろ業務上の利便性を高めるものと考えられることから、家屋の評価に含めず償却資産となる「特定の生産又は業務用設備」に該当するものと考えられます。

243

Q 3-24

償却資産に係る固定資産税の納税義務者の例外とは何でしょうか？

償却資産の納税義務者はその所有者であると理解していますが、例外はないのでしょうか、教えてください。

所有権移転ファイナンスリース取引や、所有者が不明である場合、信託償却資産、特定附帯設備に係る納税義務者は、償却資産の所有者課税の例外であるといえます。

＜解説＞

1 償却資産の納税義務者

Q1-3で見たとおり、固定資産税の納税義務者は、原則として、賦課期日である１月１日における固定資産の所有者となりますが、これを所有者課税主義といいます（地法343①、359）。

所有者課税主義の場合、誰が「所有者」であるのかが問題となりますが、地方税法上、固定資産税課税台帳に登録された者を所有者としています（地法343②③）。償却資産の場合、償却資産課税台帳に所有者として登録されている者がその所有者となります（地法343②③）。

第3章　償却資産税

2　所有者課税主義の例外

　しかし、固定資産の課税客体のうち償却資産は、土地や家屋と異なり登記制度がない[注38]ため、申告に基づくことから、土地や家屋と比較すると所有者が真実の所有者でない可能性がやや高いといえます。また、私法上の契約関係が複雑化すると、誰が真実の所有者であるのかわかりにくいケース、また、経済的実質に照らして所有者以外の者に課税した方が妥当と考えられるケースも出てきます。具体的には以下のようなケースが所有者課税主義の例外に該当します。

①　所有権移転ファイナンスリース取引

　所有権移転ファイナンスリース取引（所有権留保付割賦販売）に係る償却資産の固定資産税については、売主及び買主の双方が連帯納税義務者となります（地法342③）。

②　災害により所有者不明の償却資産

　災害等により所有者不明の償却資産の場合は、その償却資産の使用者を所有者とみなして償却資産課税台帳に登録し、その者に固定資産税を課することとなります（地法343④）。

③　信託引受の対象となった償却資産

　信託会社が信託の引き受けをした償却資産で、信託会社が他の者に将来それを譲渡することを条件として賃貸しているものについては、当該償却資産が借受者の事業の用に供されるものであるときには、当該借受者を所有者とみなして、その者に固定資産税を課することとなります（地法343⑧）。

④　特定附帯設備

　家屋の附帯設備であって、当該家屋の所有者以外の者がその事業の用に供するために取り付けたものであり、かつ、当該家屋に附合（民法

注38　船舶や航空機など一部資産には登記制度が存在する。

245

242）したことにより当該家屋の所有者が所有することとなったもの（特定附帯設備）については、当該取り付けた者の事業の用に供することができる資産である場合に限り、当該取り付けた者を所有者とみなし、その者に特定附帯設備のうち家屋に属する部分を償却資産（家屋以外の資産）とみなして、固定資産税を課することとなります（地法343⑨）。

3-25

償却資産課税台帳の所有者が真の所有者でない場合、固定資産税の課税はどうなるのでしょうか？

以前、わが社が所有する償却資産として申告し、その結果償却資産課税台帳に登録された償却資産のうち、一部の資産がわが社のものではないことが判明しました。この場合、当該償却資産に係る固定資産税の課税はどうなるのでしょうか、教えてください。

償却資産の真の所有者が償却資産課税台帳に登録された所有者と異なる場合には、市町村長は職権で台帳の訂正ができるものと解されています。

＜解説＞

1　償却資産の申告義務

　Q1-3で説明したとおり、固定資産税の納税義務者は、原則として、賦課期日である１月１日における固定資産の所有者となり（地法343①、359）、それは償却資産の場合、償却資産課税台帳に所有者として登録されている者をいいます（地法343③）。

　また、Q3-2で説明したとおり、償却資産の所有者は、賦課期日である毎年１月１日における当該償却資産について、償却資産課税台帳への登録が必要な以下の事項（地法381⑤）を同年１月31日までに、原則として当該償却資産の所在地の市町村長（特別区の場合は東京都知事）に申告する義務

があります（地法383①）。

2 償却資産の真の所有者が償却資産課税台帳に登録された所有者と異なる場合

　償却資産課税台帳に基づく固定資産税の課税は、償却資産課税台帳に登録された所有者が償却資産の真の所有者と一致していることを前提としています。仮に、償却資産の真の所有者が償却資産課税台帳に登録された所有者と異なる場合には、真の所有者に固定資産税を課税すべきということになります。

　そのため、償却資産の真の所有者が償却資産課税台帳に登録された所有者と異なる場合には、市町村長は職権で台帳の訂正ができるものと解されています。それに基づき、市町村長は真の所有者に固定資産税を課税することとなります。

第3章　償却資産税

3-26

船舶や航空機のように移動する固定資産の課税はどの地方公共団体が行いますか？

固定資産税は土地や建物のように動かないもの（不動産）、機械装置のように据え付けて使用するものが課税対象であると考えており、そうであればどこの自治体が課税するのか迷うことはまずないと思われます。ところが、中には船舶や航空機のように移動する償却資産も固定資産税の課税対象とされています。船舶や航空機のように移動する固定資産はどの地方公共団体が課税するのでしょうか、教えてください。

固定資産税の課税団体は、原則としてその固定資産の所在地の市町村となりますが、償却資産のうち船舶や航空機のように移動するものについては、原則としてその主たる定繋場又は定置場所在の市町村を固定資産の所在地として、当該市町村が課税します。

＜解説＞

1　固定資産税の課税団体

　固定資産税の課税団体は、原則としてその固定資産の所在地の市町村となります（地法342①）。ただし、東京都の特別区（23区）に所在する固定資産については、東京都が都税として課税します（地法734）。

　例外として、大規模償却資産については、その価額のうち一定の課税限

249

度額までは市町村が課税し、それを超える部分の金額は、その市町村を包括する都道府県が課税することとされています（地法349の4、349の5、740）。ただし、東京都の特別区及び政令指定都市（地方自治法252の19①）については、当該例外措置の適用はありません（地法349の4①、734④）。

大規模償却資産の金額基準は以下のとおりです（地法349の4①）。

○大規模償却資産の金額基準

市町村の区分	金額
人口5,000人未満の町村	5億円
人口5,000人以上1万人未満の市町村	人口6,000人未満の場合にあっては5億4,400万円、人口6,000人以上の場合にあっては、5億4,400万円に人口5,000人から計算して人口1,000人を増すごとに4,400万円を加算した額
人口1万人以上3万人未満の市町村	人口1万2,000人未満の場合にあっては7億6,800万円、人口1万2,000人以上の場合にあっては、7億6,800万円に人口1万人から計算して人口2,000人を増すごとに4,800万円を加算した額
人口3万人以上20万人未満の市町村	人口3万5,000人未満の場合にあっては12億8,000万円、人口3万5,000人以上の場合にあっては、12億8,000万円に人口3万人から計算して人口5,000人を増すごとに8,000万円を加算した額
人口20万人以上の市	40億円

2　移動性ないし可動性償却資産の課税団体

固定資産税の課税団体は上記**1**が原則ですが、船舶、車両、航空機のように各地を移動して使用されることが前提となっている償却資産については、所在する市町村が必ずしも一定しないことから、地方税法には別個の規定があります。

すなわち、償却資産のうち船舶、車両その他これに類する物件については、原則としてその主たる定繋場又は定置場所在の市町村を固定資産の所

在地として、当該市町村が課税します（地法342②）。ただし、船舶についてその主たる定繋場が不明である場合には、定繋場所在の市町村で船籍港のあるものが主たる定繋場所在の市町村とみなされます（地法342②）。

さらに、総務大臣が指定するもの（地法389①一）については、都道府県知事又は総務大臣から価格等の配分を受けた市町村が課税団体となります（地法342②）。

なお、上記でいう「船舶、車両その他これに類する物件」とは、移動性ないし可動性償却資産をいい、以下の償却資産が該当します。

① 移動性償却資産

　船舶、車両、航空機、大型特殊自動車など基本的に自力で移動することができる償却資産をいいます。

② 可動性償却資産

　建設用機械、推進器のない浚渫船など人力又は機械等によって移動することが可能であり、かつ、工事現場等作業箇所の移動によりその所在が移動することとなる償却資産をいいます。

○推進器のない浚渫船の例

Q 3-27

償却資産の申告はどのように行うのでしょうか？

償却資産の申告は具体的にはどのように行うのでしょうか、教えてください。

以下の設例に基づき記載例をみていくこととします。

＜解説＞

1 設例

　以下の設例に基づき、平成28年度償却資産申告書（償却資産課税台帳）の記載例を見ていくこととします。

〔設例〕
- 所有者兼納税者：笹塚印刷株式会社
- 新規取得資産

資産名	数量	取得年月	取得価額	耐用年数
オフセット印刷機	1	H27.6	8,000,000円	10年
製本用機械	1	H27.8	1,800,000円	7年
デジタル印刷機	1	H27.12	9,500,000円	4年
液晶テレビ	1	H27.8	360,000円	5年

第3章　償却資産税

● 申告漏れ資産

資産名	数量	取得年月	取得価額	耐用年数
応接セット一式	1	H25.4	1,400,000円	8年

● 既申告資産

資産名	数量	取得年月	取得価額	耐用年数
裁断機	1	H2.10	3,600,000円	10年
フォーム印刷機	1	H13.4	3,000,000円	10年
大型裁断機	1	H15.6	2,100,000円	10年
製本用機械	1	H6.7	2,000,000円	7年
カラーコピー機	1	H20.10	2,000,000円	5年
ルームエアコン	5	H23.5	1,200,000円	6年

（注）既申告資産のうち裁断機及び製本用機械は平成27年中に除却している。

● 申告先：東京都渋谷都税事務所長

2　設例に基づく記載例

上記設例に基づく記載例を示すと次頁のとおりとなります。

3　償却資産税の申告を行わなかった場合

償却資産の申告は、市町村にとって固定資産税を的確に賦課徴収するために欠くことのできない重要資料です。そのため、償却資産税の申告を行わなかった（不申告の）場合には、その納税者は、市町村の条例に基づき、10万円以下の過料を科されることとなります（地法386）。

さらに、虚偽の申告を行った納税者は、1年以下の懲役または50万円以下の罰金に処されることとなります（地法385）。

253

○償却資産申告書（東京都）

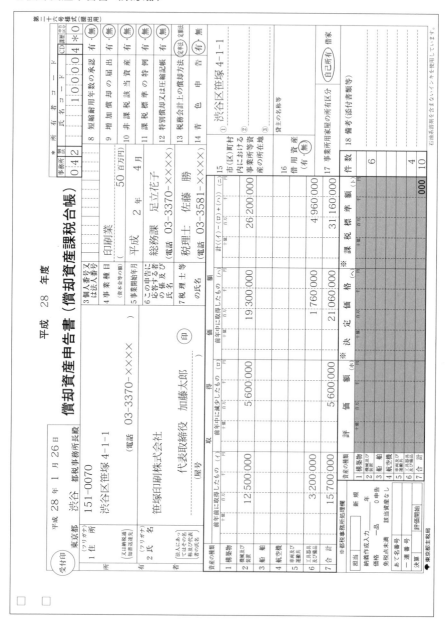

第3章　償却資産税

第二十六号様式別表一（提出用）

平成 28 年度 種類別明細書（増加資産・全資産用）

所有者の氏名又は名称　笹塚印刷（株）

氏名コード　11：0：0：0：4
※課税標準コード　CD　4

◆東京都主税局　◆石油系溶剤を含まないインキを使用しています。

行番号	資産コード	資産の種類	資産の名称等	数量	取得年月	取得価額(円)	耐用年数	増加事由
01		2	オフセット印刷機	6	1・27・6	8,000,000	10	1・2 ③・4
02		2	製本用機械	8	1・27・8	1,800,000	7	1・2 ③・4
03		2	デジタル印刷機	12	1・27・12	9,500,000	4	1・2 ③・4
04		6	応接セット一式	4	1・25・4	1,400,000	8	1・2 3・④
05		6	液晶テレビ	8	1・27・8	360,000	5	1・2 ③・4
06					4・		0.	1・2 3・4
07					4・		0.	1・2 3・4
08					4・		0.	1・2 3・4
09					4・		0.	1・2 3・4
10					4・		0.	1・2 3・4
11					4・		0.	1・2 3・4
12					4・		0.	1・2 3・4
13					4・		0.	1・2 3・4
14					4・		0.	1・2 3・4
15					4・		0.	1・2 3・4
16					4・		0.	1・2 3・4
17					4・		0.	1・2 3・4
18					4・		0.	1・2 3・4
19					4・		0.	1・2 3・4
20					4・		0.	1・2 3・4

小計　21,060,000

（注）「増加事由」の欄は、1 新品取得、2 中古品取得、3 移動による受け入れ、4 その他のいずれかに○印を付けてください。

第二十六号様式別表二（提出用）

平成 28 年度　種類別明細書（減少資産用）

所有者の氏名又は名称：笹塚印刷（株）　　事務所：渋谷

1枚のうち 1枚目

行番号	異動区分 1減少 3修正	資産の種類	検索コード	*修正	資産の名称等	数量	取得年号	取得年月	取得価額	*課税標準の特例	耐用年数	減少等の事由 1売却 2除却 3移動 4その他
01	① · 3	2	910001		裁断機		14	0210	3,600,000	10		② · 4
02	1 · 3	2	020001		フォーム印刷機		14	1304	3,000,000	10		1 · 4
03	1 · 3	2	030001		スクリーン印刷機		14	1409	1,800,000	10		1 · 4
04	1 · 3	2	040001		大型裁断機		14	1506	2,100,000	10		1 · 4
05	① · 3	2	950001		製本用機械		14	607	2,000,000	7		1 · ②
06	1 · 3	6	090001		カラーコピー機		14	2010	2,000,000	5		1 · 4
07	1 · 3	6	120001		ルームエアコン		54	2305	1,200,000	6		1 · 4
08	1 · 3											1 · 4
09	1 · 3											1 · 4
10	1 · 3											1 · 4
11	1 · 3											1 · 4
12	1 · 3											1 · 4
13	1 · 3											1 · 4
14	1 · 3											1 · 4
15	1 · 3											1 · 4
16	1 · 3											1 · 4
17	1 · 3											1 · 4
18	1 · 3											1 · 4
19	1 · 3											1 · 4
20	1 · 3											1 · 4

小計　5,600,000

CD　コード 1:0:0:0:0:4

（注）
1 「*」の表示がある欄は、記入しないでください。
2 一部減少した資産を申告する場合は、「異動区分」欄の3を○で囲み、減少後の残高を「数量」及び「取得価額」欄に記入してください。

●東京都主税局
石油系溶剤を含まないインキを使用しています。

第3章　償却資産税

3-28

設備投資に伴う固定資産税の減免措置とは何でしょうか？

平成28年度の税制改正で設備投資に伴う固定資産税の減免措置が導入されることになったと聞きましたが、これはどういうものなのでしょうか、教えてください。

資本金１億円以下の中小企業が新たに導入する建設機械や製造設備といった償却資産に関し、固定資産税を減免するという措置が導入されることとなりました。

＜解説＞

1　減免措置導入の背景

　平成28年度の税制改正の目玉の一つは、法人税の実効税率の引下げでした。すなわち、法人税の実効税率が現在の32.11％[注39]から29.97％に引き下げられることとなりましたが、当該引下げは現在全法人の７割程度を占める赤字法人には恩恵が及ばないため、特に中小企業に対する税制上の措置が求められていました。

　そのため、政府・与党は、赤字の中小企業でも納付が必要な固定資産税に着目し、新規に償却資産への投資を行う企業に対して、それに課される

[注39]　法人税23.9％、法人住民税4.13％、法人事業税（地方法人特別税を含む）6.0％で、法人事業税が法人税課税所得の計算上損金算入されることを考慮した合計額である。

257

固定資産税の減免を行うこととなったわけです。当該措置は、設備投資を促進する効果が期待できるという点で、アベノミクスを下支えするという意味もあると思われます。

2　減免措置の内容

　減免措置の具体的な内容ですが、資本金１億円以下の中小企業等が新たに導入する160万円以上の建設機械や製造設備といった有形固定資産（償却資産）のうち、生産性を高めることが証明できるものについては、その導入（平成31年３月31日までに取得する必要があります）の翌年度から３年間にわたり固定資産税を半分に減免するというものです。

第4章

課税・徴収・争訟手続き

Q 4-1

固定資産税の納期はいつですか？

私は昨年10月にマンションを取得したので、今年から毎年固定資産税が課されることになります。それでは、その納期はいつになるのでしょうか、教えてください。

固定資産税の納期は原則として4月、7月、12月及び翌年2月中において市町村の条例で定める日となります。ただし、東京都の場合、6月、9月、12月及び翌年の2月とされています。

＜解説＞

1　固定資産税の賦課期日

　固定資産税の賦課期日は、当該年度の初日が属する年の1月1日とされています（地法359）。すなわち、平成28年分の固定資産税であれば、平成28年1月1日が賦課期日となります。

2　固定資産税の納期

　固定資産税の納期は、原則として4月、7月、12月及び翌年2月中において市町村の条例で定める日となります（地法362①）。
　ただし、特別の事情がある場合においては、これと異なる納期を定めることができるものとされています（地法362①但書）。

第4章　課税・徴収・争訟手続き

　例えば、東京都（特別区）の場合、6月、9月、12月及び翌年の2月とされています。また、東京都下の場合、町田市・あきる野市・瑞穂町・日の出町が5月、7月、9月及び12月、檜原村が5月、7月、9月及び11月、奥多摩町が5月、7月、11月及び翌年2月、小笠原村が4月、7月、12月及び翌年2月、その他の市町が5月、7月、12月及び翌年2月となっています（いずれも平成27年分）。

3　東京都特別区における固定資産税の納期

　東京都特別区における固定資産税の各期に係る具体的な納期（平成28年度）は、以下のとおりとなっています（都税条例129）。
- 第1期：平成28年6月1日から6月30日まで（納期限6月30日）
- 第2期：平成28年9月1日から9月30日まで（納期限9月30日）
- 第3期：平成28年12月1日から平成28年12月27日まで（納期限12月27日）
- 第4期：平成29年2月1日から2月28日まで（納期限2月28日）

　なお、東京都特別区の平成28年度固定資産税・都市計画税の納税通知書は、同年6月1日に発送されています。

261

Q 4-2

固定資産税の徴収と納付はどのように行うのでしょうか？

固定資産税の徴収と納付はどのように行うのでしょうか、教えてください。

固定資産税は、市町村から納税者に交付される納税通知書に基づき、普通徴収の方法により徴収されます。

＜解説＞

1　固定資産税の徴収

　固定資産税は、普通徴収の方法により徴収されます（地法364①）。ここでいう「普通徴収」とは、固定資産税のような市町村税の場合、市町村が税額を計算して賦課決定し、その税額や各納期における納付額、納期限等を記載した納税通知書を納税者に交付することにより、当該税額を徴収する方法です（地法1①六七）。

2　課税明細書の交付

　市町村長は、土地及び家屋に対して課する固定資産税を徴収しようとする場合には、納税通知書に加えて、以下の事項を記載した課税明細書を、納期限の10日前までに納税者に交付する必要があります（地法364③④⑨、地法附則15の4、16）。このように、課税明細書で土地及び家屋一括ではな

第4章　課税・徴収・争訟手続き

くそれぞれにつき課税標準額を記載することとされているのは、より詳細
な情報を提供することが納税者の便宜に適うからであると考えられます。

① 土地

所在、地番、地目、地積、価格、課税標準額、軽減税額

② 家屋

所在、家屋番号、種類、構造、床面積、価格、課税標準額、軽減税額

固定資産税の課税明細書の例は以下のとおりです。

○固定資産税の課税明細書の例

資産区分	物件所在地家屋番号または敷地権等	地目または家屋の種類家屋の構造・建築年	地積又は床面積（㎡）	（ア）前年度固定資産税課税標準額（円）	（ウ）本年度固定資産税課税標準額（円）	（オ）固定軽減額等（円）	税相当額（円）
			評価額（円）	（イ）前年度都計画税課税標準額（円）	（エ）本年度都市計画税課税標準額（円）	（カ）都計軽減額等（円）	
土地	御陵町　72-5	宅地	200.00	1,400,000	1,500,000		32,700
			12,000,000	3,900,000	3,900,000		
	住宅用地特例適用						
家屋	御陵町　72-5　72-5	専用住宅　木造瓦　2階　H23	125.00		9,682,000	65,063	99,531
			9,682,000		9,682,000		
	新築住宅に対する減額措置適用						

なお、税負担の調整措置の適用を受ける土地については、前年度分の課
税標準額（上記明細書の例の（ア））、当該調整措置適用後の当該年度分の
課税標準額（上記（ウ））、及び条例により税額を減額する場合のその減額
する税額（上記（オ））を記載する必要があります（地法附則27の5）。

3　固定資産税の納付

固定資産税の納付は、納付書により市町村役場の窓口、金融機関やコン
ビニエンスストア、PCや携帯電話（ペイジーによる）で行うこととなります。

また、事前の手続きにより、口座振替による納付も可能となります。さ
らに、最近はクレジットカードによる納付が可能となる自治体が増えてい
ます。

4 都市計画税の徴収と納付

　市町村が都市計画税を導入している場合には、固定資産税を賦課徴収する際、都市計画税を併せて賦課し徴収することができます（地法364⑩）。そのため、納税上の便宜から通常、固定資産税と都市計画税とは同一の納税通知書で賦課徴収されています。

第4章　課税・徴収・争訟手続き

 4-3

固定資産税の仮徴収とは何でしょうか？

固定資産税には、償却資産を多数保有する企業がその申告を遅らせた場合などのケースにおいて、仮徴収の制度があると聞きましたが、これは具体的にはどういうものなのでしょうか、教えてください。

総務大臣が指定し、総務大臣又は都道府県知事が評価配分するものとされている固定資産については、その配分通知が遅れた場合であっても、前年度の固定資産税の課税標準である価格等を課税標準として仮に算定した額によって徴収することができる、仮徴収の制度があります。

＜解説＞

1　制度の趣旨

固定資産税においては、以下のような固定資産に関して、都道府県知事又は総務大臣が評価し、価格等を決定して配分する制度があります（地法389①）。

① 総務省令で定める船舶、車両その他の移動性償却資産又は可動性償却資産で、2以上の市町村に渡って使用されるもののうち総務大臣が指定するもの
② 鉄道、軌道、発電、送電、配電もしくは電気通信の用に供する固定資産又は2以上の市町村に渡って所在する固定資産で、その全体を一

つの固定資産として評価しなければ適正な評価ができないと認められるもののうち、総務大臣が指定するもの

上記のような固定資産は、ある特定の企業が大量に所有する傾向にありますが、その企業が固定資産の申告（地法394）を法定期限（毎年１月31日）までに行うことができない場合には、都道府県知事や総務大臣から関係市町村長に対する価格等の配分の通知が遅延することとなります。その結果、当該通知に基づく固定資産税収入の依存度が高い市町村においては、税収確保に支障をきたすこととなります。そこで、上記のような固定資産のうち一定のものについては、「仮徴収」の制度が導入され、仮にその配分通知が遅れた場合であっても、前年度の固定資産税の課税標準である価格等を課税標準として仮に算定した額によって徴収することができることとされています（地法364⑤）。

2　仮徴収の対象資産

仮徴収の対象となる資産は、地方税法第389条第１項に掲げる資産のうち、船舶以外の資産です（地法364⑤、地規15の５）。

ここで「船舶」が除かれているのは、船舶に係る価格の配分基準は入港回数によって按分することとされていますが、入港回数は年により異なるのが通常であり、当該制度になじまないためであると解されています。

3　仮徴収の税額

各期において仮徴収ができる税額は、その通知が行われる日までの間に到来する納期において徴収すべき固定資産税に関し、その固定資産の前年度の課税標準額を課税標準として仮に算定した固定資産税額（仮算定税額）を、その年度の納期の数で除して得た金額（仮算定税額の２分の１の額が限度）の範囲内の金額となります（地法364⑤）。

266

第4章　課税・徴収・争訟手続き

4　仮徴収の納税通知書

　市町村は、仮算定税額によって固定資産税を徴収する場合における、納税者に交付する納税通知書は、仮徴収の対象となった固定資産以外の固定資産に係る納税通知書と区分して作成し、交付しなければならないものとされています（地法364⑦）。

5　仮徴収税額の精算

　仮徴収された税額は、都道府県知事又は総務大臣からの価格等の通知が行われたとき以後に到来する納期において、その過不足額が精算されることとなります（地法364⑥）。

Q 4-4

固定資産税の徴税ミスが多いと聞きますが本当でしょうか？

固定資産税は市町村から通知されてくる金額をそのまま納税するというイメージが強いところですが、最近新聞でその市町村のミスで固定資産税が取られ過ぎているケースがあると聞きました。これは一体どういうことなのでしょうか、教えてください。

総務省の統計を見ると、2011（平成23）年度で納税義務者の0.14％の徴収ミスがあったとされており、決して珍しい現象ではないものと考えられます。

<解説>

1　固定資産税の徴税ミス

　最近、固定資産税の徴税ミスについてのマスコミ報道を見かけることが少なくありません。最近では、例えば、日本経済新聞が連載記事（税金考）で、埼玉県新座市における固定資産税に係る小規模住宅用地の特例に関する課税ミスのケースを報じています[注40]。また、朝日新聞でも、神奈川県伊勢原市の団地の600戸すべてにおいて、固定資産税の課税ミスが40年間に

注40　2015年8月1日付日本経済新聞電子版「徴収ミス700人に1人 『税インフラ』世界122位」

第4章　課税・徴収・争訟手続き

わたって放置されていたことが報じられています注41。

　また、報道はされないものの、市町村のホームページで固定資産税の課税誤りを公表するケースは多く、検索エンジンで検索すれば驚くほど多数ヒットします。例えば、埼玉県久喜市の場合、市内の約104,000筆の宅地のうち、約9,300筆の「非住宅地」について調査したところ、住宅用地の特例措置の適用を受けていないものが54件（69筆）あることが判明しました注42。その結果、固定資産税・都市計画税の還付金・返還金が合わせて49,248千円（うち加算税等13,583千円）発生しています。

2　総務省の調査結果

　このような状況は、総務省の調査でも明確に示されています。すなわち、「固定資産税及び都市計画税に係る税額修正の状況調査結果」（総務省自治税務局固定資産税課・平成24年8月28日）において、平成21年度、22年度及び23年度の3年間における固定資産税・都市計画税について、各市町村が課税誤り等により税額を増額又は減額修正した件数が公表されていますが、以下にみるとおりその数は無視できない規模であると思われます。

①　税額修正団体数

年度	税額修正団体数	団体数割合
平成21年度	1,483団体	93.2%
平成22年度	1,485団体	93.3%
平成23年度	1,484団体	93.2%
累計	1,544団体	97.0%

（注）団体数割合＝各年度の税額修正団体数／調査回答団体数（1,592市町村）
（出所）総務省「固定資産税及び都市計画税に係る税額修正の状況調査結果」2頁

注41　2015年10月5日付朝日新聞「固定資産税課税ミス40年」
注42　固定資産税・都市計画税の課税誤りについて（平成26年11月20日　久喜市財政部　資産税課）。

269

② 納税義務者総数に占める修正者数割合

年度	土地			家屋		
	修正者数／納税義務者数	修正割合		修正者数／納税義務者数	修正割合	
平成21年度	76,613人／28,991,554人	0.3%		118,570人／32,644,343人	0.4%	
平成22年度	49,042人／29,184,470人	0.2%		56,407人／32,904,180人	0.2%	
平成23年度	44,749人／29,307,753人	0.2%		44,636人／33,222,534人	0.1%	
平均	—	0.2%		—	0.2%	

※各年度の納税義務者数は、総務省「固定資産の価格等の概要調書」による、調査
　回答団体の法定免税点以上の者の人数。
（出所）総務省「固定資産税及び都市計画税に係る税額修正の状況調査結果」2 頁

　平成23年度についてみると、土地及び家屋を合わせて89,385人分の修正
があり、納税義務者数（延べ）62,530,287人に占める割合は0.14％（700人
に一人）でした。

③　税額修正の要因

	土地	家屋
①課税・非課税認定の修正	7.5%	1.4%
②新増築家屋の未反映	—	20.6%
③家屋滅失の未反映	—	23.6%
④現況地目の修正	15.8%	—
⑤課税地積・床面積の修正	3.1%	2.9%
⑥評価額の修正	29.9%	29.7%
⑦負担調整措置・特例措置の適用の修正	22.9%	1.9%
⑧納税義務者の修正	15.2%	13.4%
⑨その他	5.6%	6.4%

（出所）総務省「固定資産税及び都市計画税に係る税額修正の状況調査結果」3 頁

3　自治体側の再発防止策

　各自治体はこのような状況を深刻に受け止め、再発防止策を講じていま
す。例えば、先ほど挙げた久喜市では、再発防止策として以下の４点を挙

げています。

① 　人材育成のため、税務研修及び課内研修等を通じ、職員の資質向上を図ってまいります。

② 　人事異動により担当者が変わっても、速やかに一定水準の業務の質が確保できるよう、事務処理の手順等を再確認し業務の標準化を図ってまいります。

③ 　電算システムの機能を理解し、電算入力の際のエラーチェックを徹底する。また、課税アンマッチリストの活用や、異動判読によるチェック体制を強化いたします。

④ 　固定資産税及び都市計画税について、広報紙及び市ホームページ等を活用し、特例制度等について市民への周知を図ってまいります。

　現在までのところあまり成果が出ていないようにも見えますが、今後、上記のような対策が功を奏するのか、動向を注視していく必要があるでしょう。

4　再発防止策再考

　上記再発防止策を着実に実行することももちろん重要ですが、必ずしも十分ではないように思われます。なぜなら、固定資産税において採用されている、賦課課税方式（Q1‑13参照）という行政が誤りを犯さないということを前提にした課税方法は、実態にそぐわないからです。

　とはいえ、固定資産税を申告納税方式に改めろというのも、中小零細納税者の手間ということを考えれば、あまり現実味がないような気がします。それでは、どうすればよいのでしょうか。比較的実効性が上がると期待できる措置としては、納税者に通知される「固定資産税・都市計画税納税通知書」に、現行よりも詳細な税額算定の計算根拠を示すという方策が考えられます。これにより、どのような特例措置の適用があるのか（ないのか）、評価額はいくらなのか、それが土地の場合どのような画地調整が行われて

271

いるのか、といったことが分かり、課税ミスが放置されるということが大幅に減ることが期待されます。

　最近、固定資産税の課税ミスの事実が広く知られるようになり、それに対応するようなビジネスすら生まれているという状況です[注43]。固定資産税はもともと訴訟の多い税目ですが、今後益々増えることが予想されるところで、実際虎視眈々と狙っている租税専門の弁護士が少なからずいるということを耳にします。

　固定資産税・都市計画税は市町村にとって欠くことのできない重要な税源ですが、残念ながらその信頼が揺らいでいるのが現状といえます。上記で示したように、「詳細な税額算定の計算根拠を示す」ことで納税者が自分の納税額をチェックできるような仕組みが整備されれば、訴訟も減少し、納税者の信任を得た固定資産税・都市計画税となるものと考えます。

注43　2015年10月5日付朝日新聞によれば、「KPMG税理士法人（中略）は建築事務所と共同で、ビルへの課税の検証をするサービスを展開する。通常よりも課税額が多いビルや、間違いが多い自治体にあるビルを重点的に調べるという。」とのことである。商魂たくましいと感心するが、本来あってはならないことがビジネスの種（その原資は税金）となっているわけで、自治体側の体制整備が急がれるということになろう。

第4章　課税・徴収・争訟手続き

4-5

収益性が低下した物件の固定資産税評価額が高すぎるのではないかと思うのですが、どうしたらよいでしょうか？

私はゴルフ場を経営する会社の役員ですが、わが社の保有するある地方都市のゴルフ場は近年会員権価格も値下がりし、収益性も大幅に低下しています。しかし、ゴルフ場用地の固定資産税評価額は一向に下がらず、経営の重荷となっています。そもそも市町村が評価する固定資産税評価額が実勢価格と比べて高すぎるのが問題だと思うのですが、何か対処する方法はないでしょうか、教えてください。

不動産鑑定評価により示される実勢価格と固定資産税評価額との乖離が明らかであれば、訴訟を提起することも必要かもしれません。

＜解説＞

1　収益性の低下した土地の実勢価格と固定資産税評価額との乖離

　地方都市においては、駅前の一等地も「シャッター通り」と称されるほど活気がなくなり、商業地としての価値が大幅に低下しているケースが珍しくありません。

　マスコミの報道[注44]でも、例えば、かつて産炭都市として栄えた北海道

注44　2015年10月19日付朝日新聞。

273

芦別市のJR芦別駅前のパチンコ店が10年前に閉店したものの、その敷地約500㎡と建物に対し毎年固定資産税及び都市計画税約76万円が課されているということが報じられています。土地は「更地で100万円なら」という買い手がいましたが、建物の解体費用が1,000万円かかるため売り手は売却を断念したとのことです。

　市は「固定資産税は資産価値に対してかけるものだから、課税対象資産を使用しているか否かは評価に影響を及ぼさない」という立場のようですが、特に商業地の場合、理論的には、不動産の収益性はある程度評価額に反映させるべきということになるものと思われます。問題は、収益性を評価額にどのように反映させるのかという点ですが、市町村側は従来どおりの課税実務を踏襲するということでしょうから、当面、納税者がそれを不動産鑑定士の鑑定評価などにより証明し、是正を求めるしか方法はないものと思われます。

2　減額を求めて提訴した事例

　このような状況に業を煮やして、固定資産税評価額の減額を求めて提訴した事例がいくつかあります。

①　ゴルフ場クラブハウスの事例

　島根県邑南町のゴルフ場につき、町が固定資産税評価額として登録した評価額約8億1,000万円は実情に即していないとして、納税者が評価額の減額を求めて提訴した事案です。

　一審の松江地裁は、本件クラブハウスについて、所在地域の状況によりその価額が減少すると認められる家屋等につき、その減少する価額の範囲において減額補正を行う「需給事情による減額補正率[注45]」の適用を認め、鑑定評価額から当該補正率を58％として、評価額を約4億7,000

注45　固定資産評価基準第2章第2節六、第3節六参照。

万円に引き下げる判断を下しています（松江地裁平成22年４月26日判決・判例集未搭載）。なお、この判断は高裁（広島高裁松江支部平成23年１月26日判決・判例集未搭載）及び最高裁（最高裁平成23年12月９日判決・判例集未搭載）でも維持されています。

ところで、上記松江地裁判決で適用された「需給事情による減額補正率」の算定方法ですが、以下のとおりとされています。

ア．積算価格：1,773,575,048円（ウェート50％）

イ．比準価格：494,878,063円（ウェート20％）

ウ．直接還元法：177,681,000円（ウェート15％）

エ．DCF法：118,175,000円（ウェート15％）

オ．上記の加重平均：1,030,141,537円

カ．加重平均値／積算価格＝58.08％≒58％…需給事情による減額補正率

② ショッピングセンター建物の事例

鳥取県倉吉市にあるショッピングセンター建物につき、鳥取地裁は、「大型商業施設である本件各建物については、所在地域である打吹地区の経済的状況に基づき、その価額が相当に減少していることが認められる。そうすると、本件各建物について適正な時価を算定するためには、所在地域の状況によりその価額が減少すると認められる非木造家屋に該当するとして、需給事情による減点補正を行う必要がある。」として、30％の減額補正（需給事情による減額補正率）を認めました（鳥取地裁平成19年１月23日判決・判例集未搭載）。なお、当該判決も最高裁まで維持されています。

Q 4-6

自分の知らない土地の固定資産税を納付するよう求められましたが、どうすればよいのでしょうか？

昨年私の父親が亡くなりましたが、相続財産は共有の山林や荒れ地のほか、少額の預貯金だけだったので、相続税の申告は必要ありませんでした。ところが今年になって、山林のある自治体から私宛に固定資産税の納税通知書が届き、驚いています。どうやら山林の名義が祖父のまま放置されており、亡くなった父親が固定資産税を納付し続けてきたため、父親が亡くなったのを契機に山林のある自治体が私を相続人代表者に指定して、連帯納税義務を盾に納税を迫っているようです。私にとってこの山林は全く利用価値がなく固定資産税の納税など応じる義務がないと思うのですが、どうすればよいのでしょうか、教えてください。

以後の固定資産税の納税を回避するためには、当該山林を譲渡する必要があると思われますが、相続により取得した共有財産であるため、まず共有者から質問者への名義変更の同意を得る必要があります。

＜解説＞

1 相続不動産の名義変更の放置

通常、相続した不動産は、被相続人から相続人へ相続登記による名義変更を行います。しかし、当面使用もせず売却もしない不動産については、

第4章　課税・徴収・争訟手続き

名義変更を行わないまま放置するというケースがよく見られます。名義変更には特に期限がないため、放置しておいても違法ではありませんが、本件のようなケースでは、子孫に予期せぬ負担をかけることがありますので、注意すべきでしょう。

　すなわち、不動産の名義変更を行わないまま相続が発生すると、当該不動産が相続人間の共有名義となり、時間の経過とともに、共有者が加速度的に増加してしまうのです。実際ある納税者の事例では、昭和13年に亡くなった祖父の弟名義の土地が、平成25年には38人の共有となっているということが報じられています[注46]。

2　相続人代表者の指定と固定資産税

　固定資産税の賦課期日は毎年1月1日であり、納税通知書はその日現在の登記名義人宛てに送付されることから、年の途中で亡くなった方の保有する不動産に関しては、納税通知書は亡くなった被相続人に届くこととなります。しかし、亡くなった方は納税ができませんので、事務手続き上、通知書の受領と納税を相続人の代表者が行うこととなります。これが相続人代表者の指定という手続きです。

　不動産が共有である場合には、共有者が連帯して固定資産税の納税義務を負います（連帯納税義務、地法10の2①）。したがって、市町村は、当該規定を根拠に[注47]、相続人代表者一人に固定資産税の納税を迫るということがあるわけです。

　なお、相続人代表者の指定は固定資産税の納付に関する手続きに過ぎず、不動産の所有権を法的に確定するものではありません。

注46　2015年10月19日付朝日新聞。

注47　連帯納税義務は、原則として民法の規定（連帯債務）が準用されるため、市町村長は、固定資産税に関し、連帯納税義務者の1人に対し全額の納付を求めてもよいし、全員に対して納付を求めてもよいということになる（民法432）。

277

3 固定資産税納付の回避方法

　ご質問の事例の場合、相続のあった年の翌年分の固定資産税はともかくとして、それ以後の年分の固定資産税の納税を回避するためには、当該山林を譲渡する必要があると思われます。ところが、山林を譲渡するためには、当該山林の名義人を質問者に変更する必要がありますが、共有者が多数の場合、まず共有者から質問者への名義変更の同意を得る必要があります。その具体的な手続きとしては、手紙等により共有者の同意書を徴収することとなりますが、仮に同意書を得られない場合には、共有者に対して訴訟を提起して異議があるかどうか確認する必要があります。また、訴訟には時間と手間と費用がかかることに留意すべきでしょう。

　地方では利用価値のない不動産が放置されていますが、そのような不動産にも固定資産税は課されます。本件のような事態が生じて相続人等に負担をかけないよう、生前の対策が求められるといえます。

第4章 課税・徴収・争訟手続き

4-7

固定資産税の調査はどのように行われますか？

わが社の場合、法人税や消費税の調査は定期的にありますが、固定資産税の調査は受けたことがありません。固定資産税は調査がないものと考えてよろしいのでしょうか、教えてください。

土地や家屋のような登記制度のない償却資産については、その所有者に対して申告義務が課されていますが、その内容に問題がないかチェックするため、実地調査を行うことがあります。

＜解説＞

1　固定資産税における申告制度

　固定資産税は普通徴収（賦課課税）の方法によって徴収する税であり（地法364①）、法人税や消費税のような申告納税制度の税とは異なり、納税者の申告によって具体的な納税義務が発生するものではありません。

　一方で、固定資産税は台帳課税主義を採っており、当該台帳に記載される情報のうち一定部分は、納税者（所有者）の申告によって収集されるものです。特に、土地や家屋のような登記制度のない償却資産については、課税客体を的確に把握するため、その所有者に対して毎年1月1日現在の資産に関する申告義務が課されています（地法383）。

　なお、課税標準の特例措置が講じられている住宅用地については、その

土地が住宅用地に該当するか所有者に申告させる制度があります（地法384①）。

2　償却資産に対する調査

上記**1**のように、償却資産についてはその所有者に対して申告義務が課されていますが、その内容を確認するため、市町村長は、固定資産評価員又は固定資産評価補助員に毎年少なくとも1回、実地調査をさせなければならないとされています（地法408）。実地調査で申告漏れが把握された場合には、法定納期限の翌日から起算して最大5年間遡って賦課決定されることとなります（地法17の5⑤）。

ただし、市町村長は、原則として毎年3月31日までに同年1月1日現在における固定資産の価格等を決定しなければならないものとされているため（地法410①）、実際に実地調査を行うケースは限定的であると考えられます。

なお、都道府県知事又は総務大臣によって評価される固定資産に関する調査については、国税の調査と同等の質問検査権に関する規定があります（地法396−397）。

第4章　課税・徴収・争訟手続き

 4-8

償却資産の申告内容に誤りがある場合、どうすればよいでしょうか？

私は勤務先の会社の所有する償却資産につき申告実務を担当していますが、このたび過去8年にわたり既に廃棄済みの固定資産を申告に含めるというミスがあり、固定資産税を納め過ぎていたことが判明しました。この場合、どうすればよいでしょうか、教えてください。

償却資産の申告に誤りがあり固定資産税の過納金が生じる場合には、遡及可能な法定納期限の翌日から起算して過去5年分につき訂正申告を行い、過納金につき還付加算金を含めて還付を受けることとなります。

<解説>

1　償却資産の訂正申告

償却資産の申告内容につき、修正や資産の申告漏れ等がある場合は、課税台帳の修正や追徴（過少申告の場合）又は還付（過大申告の場合）が必要となります。この場合、法定納期限の翌日から起算して過去5年分遡ることができます（地法17の5⑤）。

2　固定資産税の過納金に係る還付加算金

固定資産税（償却資産）について過納金が発生した場合、それが納税者

281

のミスによるものであったとしても、市町村は当該過納金に対して還付加算金を付さなければなりません。還付加算金は、過誤納に係る地方団体の徴収金について加算し、その計算期間に応じ、過誤納金の額に年7.3％の割合で計算しますが（地法17の４）、当分の間、各年の特例基準割合が年7.3％の割合に満たない場合には、特例基準割合で計算します（地法附則3の２④、平成28年中は1.8％）。

　また、還付加算金の計算期間の始期は、固定資産税が普通徴収（賦課決定）の方式による税目であり、地方団体が税額を確定する行為を行った地方団体の徴収金に係る過納金であることから、納付納入があった日の翌日となります（地法17の４①一）。

第4章　課税・徴収・争訟手続き

 4-9

固定資産の価格に不服がある場合、どうすればよいでしょうか？

相続で取得した土地の固定資産税評価額が、実勢価格に照らしてみると高すぎるのではないかと考えています。このような場合、どうすればよいのでしょうか、教えてください。

固定資産税評価台帳に登録された価格に不服がある場合には、納税通知書の交付を受けた日の翌日から起算して60日以内に、市町村に設置されている固定資産評価審査委員会に対して審査の申出を行うことになります。

<解説>

1　固定資産評価審査委員会

　固定資産税評価台帳に登録された価格に関する不服を審査決定するため、市町村には固定資産評価審査委員会という組織が設置されています（地法423①）。

　Q4-10で見るとおり、固定資産税の賦課決定処分に対する不服申し立ては、市町村長に対して行うこととなりますが、固定資産の価格に関する不服申し立ては、固定資産評価審査委員会に対して行います。

　固定資産の価格に関して後者のようなルートを経る理由として、判例では、「（地方税）法が、固定資産課税台帳の登録事項に関する不服申立の審

283

査を、その評価と課税を行う市町村長から独立した第三者機関である固定
資産評価審査委員会に委ねたのは、中立の立場にある委員会をして公正な
審査を行わせ、もって、固定資産評価の客観的合理性を担保して納税者の
権利保護を図るとともに、適正な税の賦課を実現しようとしたからにほか
ならず、かかる手続の性格は、簡易迅速な納税者の権利利益の救済と課税
行政の適正化を図ることを目的とした行政救済手続である、と解すること
ができる。」とされています（仙台高裁平成9年10月29日判決・TAINS Z999-
8024）。

　なお、固定資産評価審査委員会の委員の定員は3人以上で、当該市町村
の住民、市町村税の納税義務がある者又は学識経験者から、議会の議決を
得て、市町村長が選任します（地法423③）。

2　審査の申出

①　審査の申出をすることができる者

　　審査の申出ができる方（審査申出人）は、固定資産税の納税者に限
られています（地法432①）。

②　審査の申出をすることができる事項

　　審査の申出ができる事項は、固定資産課税台帳に登録された「価格」
に限られます（地法432①）。平成27年度は基準年度にあたるため、す
べての土地及び家屋について固定資産課税台帳に登録された価格が、
審査の申出の対象となります。

　　なお、審査の決定に不服がある場合には、訴訟を提起することがで
きます。

③　審査の申出をすることができる期間

　　固定資産課税台帳に登録された価格について不服がある場合は、固
定資産課税台帳に固定資産の価格等のすべてを登録した旨の公示の日
（東京都の場合、平成27年度は4月1日）から納税通知書の交付を受け

第4章　課税・徴収・争訟手続き

た日後60日（ただし、東京都の場合、平成27年度につき平成27年6月1日に送付する納税通知書の交付を受けた日以後に地方税法第417条第1項の通知を受けたときは、同通知を受けた日後60日）までの間に、文書をもって審査の申出をすることができます（旧地法432①）。

　なお、行政不服審査法の改正に伴う地方税法の改正により、平成28年4月1日以降については、当該申出期間は3ヶ月に延長されています（新地法432①）。

④　審査の申出の方法

　審査の申出は、審査申出書を各市町村固定資産評価審査委員会に提出（郵送可）して行います（地法432①）。

　東京都の場合、審査申出書は、固定資産所在の都税事務所長を経由して提出（郵送可）することもできます。

固定資産税の評価に関する審査の申出制度をフローチャートで示すと次頁のようになります。

285

○固定資産税の評価に関する審査の申出制度のフローチャート（行政不服審査法改正前）

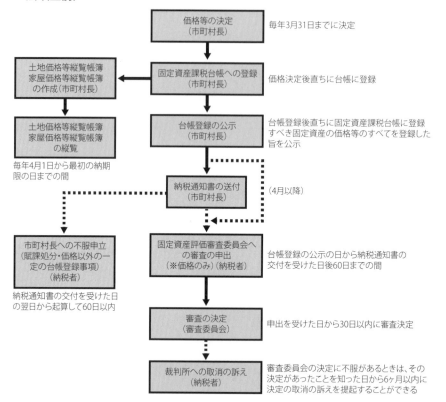

（注）地方税法第417条第1項の場合は、その通知を受けた日から60日以内が審査申出期間となる。

（出所）徳島市ホームページ

4-10

固定資産税の課税の内容に不服がある場合、どうすればよいでしょうか？

私自身が保有していない土地に関し、その土地が所在する市から固定資産税の納税通知書が送られてきました。納得がいかないので争いたいのですが、どうすればよいでしょうか、教えてください。

市町村長の行う固定資産税の賦課決定処分に不服がある場合には、まず市町村長に対して審査請求を行い、その裁決に対して不服がある場合には、さらにその処分の取消しの訴えを起こすことができます。

<解説>

1 市町村長の行う賦課決定処分に対する審査請求

　国及び地方公共団体を含む行政庁の処分に関し、不服がある場合に係る救済手続については、行政不服審査法が制定されています。しかし、地方税の賦課徴収処分は、その性格上一般に、大量かつ反復して行われるものであるため、地方税法に特別の規定があり、その規定がないもののみ行政不服審査法の規定の適用を受けることとされています（地法19）。

　なお、従来は、市町村長の行う賦課決定処分に対する救済手続きを「不服申立て」と呼んでいましたが、行政不服審査法の改正に伴い、平成28年4月1日以降は「審査請求」と呼ぶようになりました（新行審法2、新地

法19)。
① 審査請求先

固定資産税の賦課決定処分に対する審査請求先は、市町村長がした処分に関しては市町村長となり、東京都知事がした処分(特別区の場合)に関しては東京都知事となります（審査請求）。

② 不服申立てができる期間

不服申立てをすることができる期間は、従来、納税通知書の交付を受けた日の翌日から起算して60日以内でしたが（旧行審法14①、45）、行政不服審査法の改正に伴い、平成28年4月1日以降については、当該申出期間は3ヶ月に延長されています（新行審法18①）。

③ 裁決

不服申立てに対する裁決は、従来、その申立てを受理した日から30日以内にしなければならないとされていました（旧地法19の9）。しかし、行政不服審査法の改正に伴い標準審理期間の規定が設けられたため、平成28年4月1日以降については、地方税法上は、当該期間の規定はありません（新行審法16）。

○固定資産税の賦課決定処分に対する審査請求の手続き（平成28年4月1日以降）

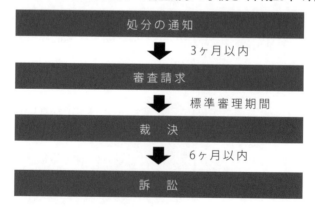

第4章　課税・徴収・争訟手続き

2　出訴

　地方税の賦課等に関する処分についての訴訟については、地方税法に特別の規定があるもののほかは、行政事件訴訟法の定めることころによるものとされています（地法19の11）。審査請求の裁決に不服があるときは、その裁決があったことを知った日の翌日から6ヶ月以内に、裁判所に取消訴訟を提起することができます（行訴法14）。

　また、地方税の賦課等に関する処分についての訴訟については、当該処分についての審査請求に対する裁決を経た後でない限り、提起することはできません（新地法19の12）。

　なお、出訴があっても、固定資産税に係る徴収は、原則として停止されません（行訴法25①）。

289

Q 4-11

固定資産税に関し想定外の課税があったのですが、どうすればよいでしょうか？

私は都内でお寺を開いている住職で宗教法人の代表でもあります。最近都内では檀家の墓地を確保するのが困難であるため、建物内に納骨堂を設置するお寺があると聞きます。ところで、知り合いのある宗教法人の住職が、自分のお寺の納骨堂として使用している土地および建物について、東京都が固定資産税を課して納めるよう言ってきたため、大変憤慨しています。宗教法人の宗教活動の目的で使用されている土地や建物は固定資産税が非課税のはずですが、納骨堂に使用しているものについては課税するというのはどうしても納得がいかないようで、私も彼の意見に賛成です。このような場合、どうすればよいのでしょうか、教えてください。

固定資産税に関し想定外の課税があった場合には、審査請求を経たうえで、訴訟を提起することになるでしょう。

＜解説＞

1　宗教法人が運営する納骨堂

　都市部ではお寺が新たに墓地を確保するのが困難であるため、ビル等の建物内に納骨堂を設置するケースが増加しているという話を耳にします。最近の朝日新聞の報道によれば、「宗教法人が運営する納骨堂は2013年度

第4章　課税・徴収・争訟手続き

末で約8,000あり、5年前より700以上増えた。大都市圏への人口流入と高齢化を背景に、狭い敷地で多くの遺骨を収容できるビル型の納骨堂の新設が相次ぐ[注48]。」とのことです。

2　宗教法人の宗教活動と固定資産税

ところで、Q1-15で説明したとおり、固定資産税には固定資産の性格又は用途による非課税（物的非課税）制度があります（地法348②～⑨、地附則14）。その中には、宗教法人が専らその本来の用に供する境内建物及び境内地や（地法348②三）墓地（地法348②四）があります。前者の境内建物及び境内地とは、宗教法人法第3条の規定によることとなります。後者の墓地に該当すれば、少なくとも土地は非課税となります。

宗教法人法第3条第一号及び第七号には境内建物に該当するものが列挙されていますが、納骨堂にぴったり該当するものは特に見出せません。あえて言えば、「その他宗教法人の前条に規定する目的のために供される建物」がそれに該当する可能性があります。ここにいう「前条に規定する目的」とは、「宗教の教義をひろめ、儀式行事を行い、及び信者を教化育成すること」ですが、納骨堂がそのような目的に沿った施設といえるかどうかは、必ずしもはっきりしないところです。納骨堂で読経をしていれば、この目的に該当するような気もするところです。

また、同法第二号から第七号までには境内地に該当するものが列挙されていますが、納骨堂が存する土地に該当するものは特に見出せません。仮に納骨堂が上記「境内建物」に該当するのであれば、それが存する土地も「境内地」に該当することとなるものと思われます。

注48　2015年11月30日付朝日新聞。

3 宗教法人が運営する納骨堂に対する課税

上記**1**の朝日新聞の報道によれば、ある宗教法人が納骨堂として使う東京都港区の敷地と建物の平成26年度分の固定資産税などとして、計400万円余りを納めるよう東京都から求められているとのことです。

東京都は、「課税するかどうかは実態に応じて個々に判断している[注49]」との立場で、この宗教法人が宗派を問わず遺骨を受け入れたり、仏壇・仏具大手の営利法人である「はせがわ」に建物内での営業を認めていることを根拠に、課税に踏み切ったとされています。東京都は恐らく、納骨堂は墓地に該当せず、宗教法人法に規定される宗教法人の目的のために供される建物にも該当しないと認定したものと考えられます。

4 想定外の課税があった場合の対応

朝日新聞の報道によれば、課税された宗教法人は、2015年7月に、東京都による課税の取り消しを求めて東京地裁に提訴しているとのことです[注50]。

このような課税があったケースで、その内容に納得がいかない場合には、まず市町村長（特別区の場合には東京都知事）に対する審査請求を行い、その内容にも不服がある場合には、訴訟を提起することとなるでしょう。

注49　前掲注48参照。
注50　請求は棄却されたという報道がある。『エコノミスト』2016年6月7日号37頁。

索 引

【あ行】

空家　147
一物五価　69
移動性償却資産　251
応益税　24
大型特殊自動車　211
奥行価格補正割合法　117
奥行長大補正　132

【か行】

外気分断性　163
家屋　4,8,56,234
家屋調査　86,91
家屋登記簿　4
家屋補充課税台帳　4
価格　5,60
価格調査基準日　76
価格の据置制度　79
画地計算法　67,116
蔭地　123
がけ地　134
がけ地割合　134
蔭地割合方式　129
課税団体　249
課税標準　5
課税明細書　61,262
可動性償却資産　251
可動間仕切り　237
仮徴収　266
還付加算金　282
基幹税　3
基準地価　69
基準年度　79
行政事件訴訟法　289
行政先例法　35
行政不服審査法　287
共有　202
軽自動車税　201
経年減点補正率　84,182
減価償却　192
建設仮勘定　229
建築設備　58,204
減免措置　258
公益法人　212

公共の用に供する道路　98
広告宣伝用　226
公示送達　176
公示地価　69
固定資産課税台帳　4,59
固定資産課税台帳登録事項証明書　61
固定資産税の住宅用地等申告書　111
固定資産税評価額　70
固定資産評価員　64
固定資産評価基準　34,65
固定資産評価審査委員会　283

【さ行】

裁決　288
再建築価格方式　80
財産税　25
市街地宅地評価法　67
敷地権　53
事業　197
事業の用に供する　198
事業用資産　186
市町村民税　2
実効税率　32
質問検査権　280
指定大規模償却資産　191
自動車税　201
収益税　25
収益税的財産税　25
住宅用地　104,154
住宅用地申告書　92
需給事情による減点補正率　81,182
準角地　120
少額減価償却資産の特例　195
少額償却資産　9,187,194
小規模住宅用地　26,106
償却資産　4,8,186
償却資産課税台帳　4
償却資産申告書　252
償却資産税　28
商業地　157
状況類似地区　68
消費税　196
条例減額制度　159
所有権留保付売買資産　208
所有者課税主義　10
所有者課税主義の例外　245
所要の補正　140

人貨滞留性　173
申告納税方式　38
審査請求　287
審査の申出　284
人的非課税　16,41
整形地　123
税率　5
接道義務　127
全国地価マップ　73
専有部分　53
専用住宅　104
相続財産法人　175
相続人代表者の指定　277
相続人不存在　174
相続の放棄　179
側方路線影響加算法　119
組織再編　220
その他の宅地評価法　67
損金経理　193
損耗減点補正率　182

【た行】

台帳課税主義　11
宅地等に対する税負担の調整措置　150
建物　234
畜舎　236
中高層耐火建築物　102
超過課税　32
超過税率　5
調査　280
徴税吏員証　89
賃貸用住宅　219
通路開設補正　138
訂正申告　281
定着性　163
適正な時価　60
登記事項証明書　11
登記不可能　169
特定空家等　149
都市計画税　14,106
土地　4,7,52
土地登記簿　4
土地補充課税台帳　4

【な行】

二方路線影響加算法　121
認定長期優良住宅　86,102

納期　260
納税義務者　4,145
納税通知書　262

【は行】

倍率地域　177
標準税率　5
標準宅地　66
標準地比準方式　66
評点数　115
賦課課税　279
賦課課税方式　38
賦課期日　260
福利厚生施設　217
不整形地　123
不整形地補正率表　123
負担水準　96
負担調整措置　95,96
普通税　2
普通徴収　262
物的非課税　17,42
プレハブ　165
併用住宅　104
舗装道路　232
堀車庫　162
本則課税標準額　96

【ま行】

間口狭小補正率　130
マンション　53
未経過固定資産税精算額　19
未登記　168
無形減価償却資産　187
無形資産　9
無道路地　137,178
滅失　166
免税点　6,22

【や行】

遊休資産　224
用途性　163,172

【ら行】

LAN配線設備　241
路線価　70,76,114
路線価図　115

■著者紹介

安部 和彦（あんべ かずひこ）

税理士。和彩総合事務所代表社員。国際医療福祉大学大学院准教授。

東京大学卒業後、平成2年、国税庁入庁。調査査察部調査課、名古屋国税局調査部、関東信越国税局資産税課、国税庁資産税課勤務を経て、外資系会計事務所へ移り、平成18年に安部和彦税理士事務所・和彩総合事務所を開設、現在に至る。

医師・歯科医師向け税務アドバイス、相続税を含む資産税業務及び国際税務を主たる業務分野としている。

平成23年4月、国際医療福祉大学大学院医療経営管理分野准教授に就任。

平成26年9月、一橋大学大学院国際企業戦略研究科経営法務専攻博士後期課程単位修得退学

平成27年3月、博士（経営法）一橋大学

【主要著書】

『Q&A　相続税の申告・調査・手続相談事例集』（2010年、税務経理協会）、『税務調査の指摘事例からみる法人税・所得税・消費税の売上をめぐる税務』（2011年、清文社）、『税務調査事例からみる役員給与実務Q&A』（2012年、清文社）、『［新版］税務調査と質問検査権の法知識Q&A』（2012年、清文社）、『事例でわかる病医院の税務・経営Q&A（第2版）』（2012年、税務経理協会）、『医療・福祉施設における消費税の実務』（2012年、清文社）、『医療現場で知っておきたい税法の基礎知識』（2012年、税務経理協会）、『修正申告と更正の請求の対応と実務』（2013年、清文社）、『消費税の税務調査対策ケーススタディ』（2013年、中央経済社）、『消費税［個別対応方式・一括比例配分方式］有利選択の実務』（2013年、清文社）、『国際課税における税務調査対策Q&A』（2014年、清文社）、『相続税調査であわてない「名義」財産の税務』（2014年、中央経済社）、『Q&A医療法人の事業承継ガイドブック』（2015年、清文社）、『消費税の税率構造と仕入税額控除』（2015年、白桃書房）、『相続税調査であわてない不動産評価の税務』（2015年、中央経済社）、『Q&Aでわかる消費税軽減税率のポイント』（2016年、清文社）

【主要論文】

「わが国企業の海外事業展開とタックスヘイブン対策税制について」（『国際税務』2001年12月号）、「タックスヘイブン対策税制の適用範囲－キャドバリー・シュウェップス事件の欧州裁判所判決等を手がかりにして－」（『税務弘報』2007年10月号）等。

【ホームページ】

http://wasai-consultants.c.ooco.jp/html/ambe1.html

要点スッキリ解説　固定資産税 Q&A

2016年7月5日　発行

著　者　　安部 和彦 ©

発行者　　小泉 定裕

発行所　　株式会社 清文社

東京都千代田区内神田1－6－6（MIFビル）
〒101-0047　電話 03（6273）7946　FAX 03（3518）0299
大阪市北区天神橋2丁目北2－6（大和南森町ビル）
〒530-0041　電話 06（6135）4050　FAX 06（6135）4059
URL http://www.skattsei.co.jp/

印刷：大村印刷㈱

■著作権法により無断複写複製は禁止されています。落丁本・乱丁本はお取り替えします。
■本書の内容に関するお問い合わせは編集部までFAX（03-3518-8864）でお願いします。

ISBN978-4-433-63786-6